Fuera de la Tormenta

Chaplain Coach Sy Alli

Dedicación

Este libro está dedicado a mi familia: hijas Tasha Nycole Alli y Samaria Hope Alli. Su hijo Sy Alli cuarto, su nieta Joiee Wray Kenney, su hermana Rhonda Elaine Alli y su cuñado Rick James, también conocido como "Pretty Ricky, como lo llaman". Gracias por amarme siempre incluso cuando yo no me amaba a mí mismo. A mis padres, las fallecidas Salli Alli Jr. y Joan Ann Alli, que ambos descansen en paz. ¡Gracias a todos los veteranos del Centro de Transición de Veteranos en Marina, CA, por aceptarme como su hermano y capellán!

Reconocimiento

Quiero agradecer a Dios primero que nada. Luego, mi hermoso ángel del cielo, mi tía/madrina, Hessina Dolvin Alli, por hacer realidad el proyecto de mi sueño. Mi Familia de la Iglesia, que incluye His Grace Ministries International de Salinas, California (Pastores Enrique e Ileana Cárdenas) y Community and Family Builders de Pittsburgh, PA (Sra. Diane Powell), por darme acceso a los estudiantes de la escuela secundaria de Penn Hills (PA). . Elevo Learning de San Diego, CA, por el resurgimiento de mi carrera como entrenador juvenil en el condado de Monterey, CA, y el posterior ascenso a Site Success Manager para varios distritos escolares en la costa central de California. Un reconocimiento especial para Matt Brown, quien fue el Gerente General de Anytime Fitness en Marina, California, y Sean Hastings, quien fue el Subgerente.

Estos muchachos realmente me abrieron la puerta del gimnasio cuando yo era capellán sin hogar y vivía en un refugio para veteranos al otro lado de la calle. Me dieron grandes descuentos militares y un par de meses gratis para compensar mi falta de fondos en ese momento. ¡Eso fue realmente necesario y apreciado!

Acerca del autor

El capellán Sy Alli reside en Carmel, California, donde es gerente de éxito del sitio en Elevo Learning. Capellán Sy también ministra en varios hogares de cuidado personal en Monterey y trabaja con jóvenes en riesgo. Tiene una licenciatura en justicia penal, así como en estudios religiosos y capellanía. Es padre de tres hijos adultos: Tasha Nycole, Samaria Hope y Sy Alli the 4.th. También tiene una nieta, Joiee Wray Kenney. Al ser un sobreviviente de un intento de suicidio y haber luchado contra un trastorno de estrés postraumático que amenaza su vida, este libro es para todas aquellas "almas perdidas" que están en el mar y luchando contra sus situaciones de depresión y trastorno de estrés postraumático.

Sy ha tenido muchas vidas: campeón europeo de levantamiento de pesas de la USAF, actor, luchador profesional, profesor universitario y especialista en protección de dignatarios. Su historia es de interés para todos, ya que la salud mental ha pasado a ser un tema central en nuestra sociedad.

Prefacio

Me sentí impulsado a escribir este libro después de que dejé la sobriedad el 1 de marzo de 2020 y poco después entregué mi vida a Jesucristo. Después de eso, tuve una autoevaluación completa y me di cuenta de que sufría de depresión masiva, y así había sido desde la muerte de mis "Dos Padres" y mi divorcio después de 20 años de matrimonio. Operé en dos mundos diferentes, uno en el que prosperé profesionalmente pero sufrí en completa oscuridad. Dios finalmente vino por mí y estoy vivo gracias a él.

Contents

Capítulo 1: El comienzo

La vida es como una montaña rusa de aventuras con su parte adecuada de altibajos, felicidad y tristeza, éxito y fracaso. Nunca sabes lo que te deparará el siguiente momento. En un momento, podrías estar disfrutando de la vida y tu mundo entero podría cambiar y desmoronarse en un abrir y cerrar de ojos. Este mundo es un lugar temporal; todos somos viajeros aquí, viviendo nuestro viaje y dirigiéndonos hacia lo que está destinado a todos nosotros. Mi viaje en la vida ha sido muy valiente e impredecible al mismo tiempo. He pasado por algunos de los mejores y algunos de los peores momentos, pero me aferré a ellos con fe en DIOS y nunca perdí la esperanza, incluso cuando todo parecía desmoronarse. El día que te quedes sin esperanza es el día en que tu alma muere; Puede que estés respirando por fuera, pero por dentro no sentirás nada.

La vida me ha enseñado a estar agradecido y agradecido por nuestras bendiciones porque una vez que las perdemos, sólo entonces nos damos cuenta de su importancia. Por lo tanto, nunca pierdan el tiempo enojándose, arrepintiéndose, preocupándose y guardando rencor unos contra otros porque la vida es demasiado corta para ser infelices. A veces, nosotros, como seres humanos, tendemos a dar por sentada la vida sin reconocer que es una bendición. No nos damos cuenta de que, si se les diera la oportunidad, las personas que hoy descansan en las tumbas darían cualquier cosa por regresar una vez más y revivir su viaje. Mantener la estabilidad mental es una de las mayores bendiciones de la vida que mejora el bienestar general de un individuo. Promueve el equilibrio emocional y la claridad al tiempo que ofrece resiliencia ante los obstáculos de la vida. La comunicación efectiva, mejores relaciones y la resolución constructiva de problemas son posibles gracias a una salud mental estable, y digo todo esto a través de mi experiencia personal. Ayuda a las personas a perseguir objetivos con motivación y concentración, lo que promueve el éxito tanto en el ámbito personal como profesional. Además, la estabilidad mental respalda la salud física porque la conexión mente-cuerpo influye en gran medida en la vitalidad general.

Un estado mental estable facilita una mejor función inmune, menos estrés y un sueño más profundo. Aumenta la capacidad de uno para ser alegre, agradecido y resiliente ante las dificultades. El bienestar mental constante fomenta la empatía, la comprensión y la armonía comunitaria, lo que beneficia a la persona y a la comunidad. Básicamente, actúa como la piedra angular de una vida plena y significativa, capacitando a las personas para superar los obstáculos de la vida de manera eficaz y elegante.

He pasado por muchas luchas en mi vida y llegó un momento en el que sentí ganas de rendirme y quitarme la vida. Recuerdo claramente que en un momento oscuro y débil de mi vida, decidí suicidarme y acabar con mi vida y con todas las miserias por las que estaba pasando. era el 18 de abrilthde 2015, cuando me metí mi Glock 19 en la boca con la intención de suicidarme. Sin embargo, una voz en mí me recordó que no era un cobarde y que era mejor que esto, así que me detuve y saqué el arma de mi boca. Había planeado minuciosamente el día de mi suicidio y, aunque era sábado, iba a trabajar con frecuencia. Mi puesto era el de Director de Seguridad Corporativa, lo que implicaba mucho trabajo con los sistemas de seguridad, los planes de seguridad y los procedimientos de una empresa de Cannabis. Cuando estuve seguro de que todos los empleados se habían ido por ese día, me aseguré de que las instalaciones estuvieran completamente seguras. Después de eso, saqué una botella de vodka con el plan de beber medio galón antes de apretar el gatillo. Sin embargo, me sentí abrumado por el coraje y pensé que no necesitaba alcohol para hacer esto.

Mientras ajustaba la silla de mi oficina, moví el marco de fotos colocado en el estante que tenía una foto de mis hijos para asegurarme de que no fuera salpicado con mi sangre. No quería que los bellos rostros de Tasha Nycole, Samaria Hope y Sy IV se estropearan con la sangre de su padre. Así, reajusté las fotografías y proseguí con mi desacertado plan. Ese día puse la música en mi oficina y escuché a mi banda favorita, la londinense Incognito, una banda de acid jazz que había visto en vivo muchas veces. Tenía una pantalla grande en mi oficina con todas las cámaras de circuito cerrado de televisión, por lo que mi oficina siempre estaba iluminada. Me senté en mi silla, saqué mi Glock 19 de su funda y disparé una bala en la recámara. Me moví un par de veces y pensé que no quería sentir el dolor, así que para terminar con mi miseria de una manera rápida e indolora, decidí ponerme la pistola en la boca.

Cuando finalmente llegué a una posición cómoda, estaba listo para apretar el gatillo y quitarme la vida de una vez por todas. Pero, en el momento en que decidí presionar el gatillo para acabar con mi vida, toda mi oficina quedó a oscuras. Todas las luces, cámaras y música desaparecieron en un abrir y cerrar de ojos y, de repente, todo se volvió oscuro y completamente silencioso. Por un momento pensé que ya estaba muerto, y mi muerte fue absolutamente indolora; sin embargo, no había ninguna luz brillante que pensé que experimentaría. Hubo un silencio absoluto y fue entonces cuando las cosas se pusieron interesantes. De hecho, podía procesar mis pensamientos, por lo que estaba confundido sobre qué o dónde estaba. Podía diferenciar si estaba vivo o muerto. Sentí una sensación extraña como si una carga eléctrica atravesara mi cuerpo, y luego comencé a sentir la presencia de ciertos individuos a mi alrededor. Me pregunté a mí mismo: ¿era esto el cielo o era el infierno? Me atreví a adivinar, pero no pude.

Cuando comencé a formular mis pensamientos, estaba francamente aterrorizado de descifrar lo que me estaba pasando. Los dos individuos que estaban conmigo comenzaron a acercarse y pude escucharlos hablar débilmente. En ese momento pude oler el aroma de esos individuos y su presencia en mi espacio personal. El olor era el de mi padre, Salli Alli Jr., y el de mi suegro, el reverendo Samuel George. Ambos fallecieron en 2005 y 2009 respectivamente. Comencé a hacerme preguntas como, ¿por qué están aquí? ¿Dónde estoy? Mi corazón comenzó a latir más rápido, lo que sólo aumentó mi confusión ya que no podía entender si todavía tenía vida dentro de mí o no.

Mi padre estaba agachado a mi lado izquierdo mientras yo podía sentir el agarre de la mano de mi suegro en mi hombro derecho. Recordé claramente ese agarre de nuestros apretones de manos que solíamos tener. Mientras estaba ocupada pensando en lo que estaba pasando, comenzaron a hablar, y esta vez pude escucharlos alto y claro. Mi padre estaba realmente molesto y me reprendió por ser tonto al dejar atrás a todos mis seres queridos y elegir terminar con mi vida, pero aun así, no me maldijo ni abusó de mí. Pensé que eso es lo que el Cielo debe hacer con una persona. Y entonces mi suegro me dijo algo que nunca olvidaré, dijo,

"Hijo, ¿sabes lo que vas a dejar a tu paso?" Antes de que pudiera responderle, un proyector desplegable apareció frente a mí y mostró toda mi vida frente a mí, desde mi nacimiento hasta mi suicidio real. Era como si estuvieran proyectando una película frente a mis ojos y la peor parte de toda la película fuera el clímax. Cuando vi la parte en la que me pegué un tiro y me desangré en mi oficina, las escenas que aparecieron después me aterrorizaron hasta la médula. Vi a mis compañeros de trabajo finalmente entrar a mi oficina para encontrar mi cuerpo sin vida y entrar en pánico.

Luego, la película pasó a mostrarme cómo se notificó a mi familia y la tristeza y la ira que sintieron mi familia y amigos al escuchar la terrible noticia de mi muerte. Esa fue la parte más difícil de ver ya que no podía dar la vuelta ni cerrar los ojos. Miré a mis hijos, devastada por el hecho de que me quitaría la vida. Mis hijos necesitaban asesoramiento porque parecían completamente destrozados. También necesitaban orientación para la adicción al alcohol y las drogas, que fue el resultado de que su padre se quitara la vida. En algún momento, me oriné en los pantalones y no estoy seguro de si fue el resultado del shock o qué.

Tan pronto como terminó la película, mis padres dijeron al unísono:

"¿Es esto lo que realmente quieres?"

En ese momento, estaba completamente destrozado y todavía no sabía lo que estaba pasando, pero recuerdo vívidamente que susurré "No" en ese momento. Luego, las luces volvieron a mis cámaras de CCTV, todas ellas se iluminaron lentamente una por una, y la música volvió a sonar. La canción de Incognito se titulaba “Out of The Storm” y se reproducía en bucle. Me quedé pegado a mi silla ya que no me atrevía a moverme por el shock en el que estaba. No podía comprender lo que acababa de pasar y me tomó un poco de tiempo diferenciar entre lo que era real y lo que no. Estaba empapado de sudor y orina, y me quedé atónito mientras miraba el reloj. No podía imaginar cuán increíblemente había transcurrido el tiempo. Tengo un recuerdo vívido de que cuando me senté en mi silla para suicidarme, eran las cuatro de la tarde. Sin embargo, eran las 9:00 pm cuando recuperé el sentido y me di cuenta de que todavía estaba vivo. Me pregunté, ¿qué diablos acaba de pasar? Y pensé que tal vez alguien me jugó una mala pasada o algo así. Al mismo tiempo, pensé que no estaba ni borracho ni drogado, así que definitivamente no estaba tropezando. Llevé todo esto en el fondo de mi alma durante cinco años hasta que cerré el círculo.

Creo que se necesita mucho para llegar a un punto en el que ya no tienes ganas de vivir, y yo llegué a ese umbral después de pasar por innumerables dificultades. Supongo que las amargas experiencias de mi vida afectaron mi salud mental de alguna manera, pero al principio no me di cuenta y solo me enteré cuando me quitó lo mejor de mí. Corría el año 1979 cuando decidí unirme a la Fuerza Aérea de los Estados Unidos (USAF), y acababa de graduarme de la escuela secundaria. Recuerdo vívidamente que asistí al Entrenamiento Básico de la USAF en septiembre de

1979, y después de eso, me quedé en San Antonio (Lackland AFB) debido a mi Entrenamiento de Aplicación de la Ley/Policía de Seguridad y Defensa Terrestre de la Base Aérea en Camp Bullis, que estaba justo afuera. de SanAntonio.

Cuando terminé mi entrenamiento, me enviaron a la Base Aérea de Bitburg ubicada en Alemania Occidental (el nombre con el que se conocía en ese momento). La verdad es que yo era un joven lleno de vida que se soltó en un lugar como Europa, ¡y pasé el mejor momento de mi vida! Inicialmente, yo era un SP, más conocido como Policía de Seguridad, y era responsable de proteger Flightline y todas las áreas designadas de Aeronaves y Áreas de Almacenamiento de Municiones. Como acababa de graduarme de la escuela secundaria, entonces era bastante joven y también ingenuo. Teniendo en cuenta mi inocencia, recuerdo vívidamente haber comprado mi primer vehículo, un BMW 1800. Mi supervisor, el sargento John Jefferson, y su esposa, Eleanor (si no recuerdo mal), me sentaron un día y me entregaron una caja de condones. . Al principio me hizo sentir un poco incómodo; sin embargo, a medida que se desarrolló la conversación, comencé a comprender el contexto y disfrutarlo. Recuerdo claramente que dijo:

"Sy, estás a punto de embarcarte en este viaje por Europa y Europa, especialmente por las mujeres alemanas que aman a los hombres negros. Hijo, necesitas que te protejan porque a ellos les encantaría tener tu bebé e ir a Estados Unidos con esa base".

Aunque era una conversación seria y ninguno bromeaba, no pude controlar mi risa, así que seguí riendo como un loco mientras me explicaban todo. Sin embargo, más adelante, cuando comencé a vagar por Europa y a descubrir nuevos lugares, me di cuenta de que tenían razón. Me di cuenta de lo que hablaban cuando comencé a ir a discotecas. Me lo pasé genial en Europa y casi me caso con una mujer danesa llamada Annette. La conocí mientras estaba destinado en Aalborg, Dinamarca.

Annette era absolutamente deslumbrante y la conocí en un club nocturno en Aalborg. Recuerdo fervientemente que todos mis compañeros de la Policía de Seguridad intentaron acercarse a ella la noche que la conocí, pero ella los aplastó a todos. Recuerdo vívidamente el momento en que entró al club, ya que habíamos hecho contacto visual allí, pero aun así me esforcé por conseguirla porque sabía que tenía mucha demanda. Finalmente, después de un rato, me acerqué a ella y la invité a bailar, y luego bailamos durante el resto de la noche. Tenía una constitución muy atlética y los ojos azules más brillantes y llamativos que jamás había visto antes. Cuando regresé a Bitburg, ella incluso vino una vez a verme. Recuerdo que entonces había tenido tres días libres y esos días estaba entrenando. Estaba en medio de una clase de entrenamiento cuando recibí una llamada desde la puerta principal y el chico al otro lado de la línea me dijo que había una mujer hermosa en la puerta preguntando por "Sy". Instantáneamente supe que no sería otra que Annette, así que corrí como un fanático y casi me rompo el cuello para llegar a la puerta principal y verla. ¡Simplemente no pude contener mi emoción cuando la vi ese día! Estuvimos juntos durante todo el fin de semana y nos divertimos mucho. Y cuando acabó el fin de semana la llevé yo mismo a la estación de tren para dejarla y despedirme.

Annette deseaba fervientemente casarse conmigo, pero yo era inmaduro en ese momento, por lo que no estaba preparada para asumir un compromiso como el matrimonio. Todavía estaba un poco confundido, así que le envié una foto de ella a mi papá y le dije que quería que nos casáramos los dos. Mi padre sugirió rotundamente que era demasiado pronto para meterme en algo como esto y que no podía seguir el ritmo. Tenía toda la razón en eso, pero una cosa en la que mi padre y yo estuvimos de acuerdo fue en que ¡ella era increíblemente impresionante!

El capítulo de Annette en mi vida se cerró después de un tiempo, ¡pero definitivamente fue una mujer memorable! Recuerdo haber hecho varias amistades maravillosas en la Fuerza Aérea y haber visto mucho mundo.

Finalmente, me casé con una mujer muy joven, una panameña/estadounidense cuya familia también residía en Bitburg. Me casé con ella en Minot, Dakota del Norte, en 1982 y recuerdo vívidamente cómo mi padre se opuso y me dijo que yo era demasiado inmadura para manejar esa relación. Sin embargo, no le presté atención, así que seguí adelante con mi decisión y me casé con ella. Pero creo que mi papá tenía razón, ya que nuestro matrimonio duró sólo cuatro años y nos divorciamos en 1986. Fue entonces cuando recordé las palabras de mi papá cuando dijo que yo era "demasiado joven y tonta" para casarme, pero no lo hice. escúchalo. Yo era testarudo y pensaba que lo sabía todo mejor que mi padre, pero supongo que después de todo no sabía nada, y esta amarga experiencia así lo indicaba. Lo mejor de Vielka y mi unión fue nuestra hermosa hija, Tasha Nycole.

Mientras estaba destinado en la Base Aérea de Bitburg, Alemania, fui seleccionado para entrenar con la Unidad Antiterrorista de Élite GSG-9 de Alemania. Sólo otras dos personas de mi unidad asistieron a este entrenamiento, y fue una experiencia increíble entrenar junto al personal antiterrorista de élite.

¡Ese ejercicio tenía como objetivo prepararme para mi carrera de protección que tomaría forma en los años venideros! También entrené al equipo de levantamiento de pesas masculino y femenino en la Base Aérea de Hahn en Alemania de 1983 a

1986. Viajamos por toda Europa en aviones y autobuses, y yo conducía al equipo en un autobús de pasajeros de 26 plazas. Definitivamente fueron momentos divertidos y disfruté mucho en cada gira.

A lo largo de mi carrera en la Fuerza Aérea, estuve destinado en varios lugares, incluido Minot, Dakota del Norte; McGuire AFB, Nueva Jersey; Base Aérea Andrews, Maryland; Bolling AFB en Washington DC y Alemania, donde estuve destinado dos veces. Dejé la Fuerza en 1986 para convertirme en luchador profesional. Si no fuera por eso, me habría quedado allí otros 20 años.

Regresé a la Guardia Nacional Aérea en 1999 en Nueva Jersey. Más tarde estuve destinado en la Base Aérea Andrews durante tres años, de 2000 a 2003, y todo cambió después del 11 de septiembre de 2001. Se realizaron cambios drásticos después del incidente del 11 de septiembre y no quería que me enviaran al extranjero porque tenía una familia joven. Entonces, decido optar por no servir en el ejército.

Perdí una posición realmente importante en el Banco Mundial debido a mi activación después del 11 de septiembre, y me decepcionó mucho que me pusieran órdenes, pero lo haría todo de nuevo. Me gustaría dar un saludo especial a los 13th Escuadrón de las Fuerzas de Seguridad en Andrews AFB por mostrarme tanto amor, ya que fue un momento realmente difícil para mí. Nunca olvidaré a esos hermanos y hermanas que me apoyaron, ya que eran muy conscientes de cuánto dinero perdí durante ese período. ¡Vamos, Fuerza Aérea! ¡Serví durante siete años en el ejército y atesoraré todos esos momentos y recuerdos por el resto de mi vida!

Capítulo 2: "Youngblood" Mis días de lucha libre profesional

Como levantador de pesas de la Fuerza Aérea, tuve que aumentar mi peso corporal de 148 libras a 190 libras para cumplir con los requisitos: todo músculo duro como una roca. Al principio, solía ser delgado, así que comencé a hacer algunas pesas para ganar masa. Recuerdo vívidamente que en la cima de mis días de levantamiento de pesas, hacía múltiples ejercicios cardiovasculares. Hice sentadillas con 600 libras, presioné en banco 400 libras y me sentí como una máquina humana de peso muerto cerca de 700 libras. En ese momento, pude captar la atención de algunos de los luchadores profesionales mientras estaba en el antiguo aeropuerto Stapleton de Denver en 1986.

Tengo un recuerdo claro de cuando regresaba a Alemania y me encontré con unos cuantos luchadores de la WWF en un bar del aeropuerto; Conocí a Tony Atlas y Iron Sheik junto con Ricky Steamboat. Subí a saludarlos y de alguna manera iniciamos una conversación sobre el levantamiento de pesas. Ese fue el momento en que despertó mi pasión por la lucha libre profesional y me di cuenta de cuánto la adoraba. Tony Atlas fue quien me preguntó si era atlético o no, y ciertamente lo era.

Había estado sirviendo en la Fuerza Aérea durante siete años cuando los conocí y, a decir verdad, incluso la idea de convertirme en luchador profesional me resultaba intrigante pero descabellada. No estaba seguro de si haría carrera en la Fuerza Aérea de los Estados Unidos. Yo era bastante joven, ya estaba casado con mi primera esposa, Vielka, y tenía mi hija, Tasha Nycole. Entonces, realmente necesitaba pensar detenidamente las cosas. En caso de que cambie de opinión, Tony Atlas me dio el nombre de un centro de entrenamiento de lucha libre profesional ubicado en Milford,

Connecticut. El ex luchador profesional Tony Altomare, que era la mitad del equipo conocido como "The Sicilians" con Lou Albano, era el entrenador principal allí. De repente, sentí una fuerte necesidad de seguir una carrera en la lucha libre, así que me acerqué a Tony Altomare y él me explicó que si quería ser un luchador profesional, tenía que destacar entre la multitud.

De repente, comencé a pensar muy seriamente en dejar la Fuerza Aérea y abrirme camino en el loco mundo de la lucha libre profesional. Como mencioné anteriormente, todavía era bastante joven e inmaduro para ser esposo y padre de un niño de dos años; sin embargo, decidí darle una oportunidad a mi pasión. Una voz dentro de mí me decía que valía la pena intentarlo. Pero lo que no había previsto era el coste que tendría que soportar, y resultó ser mi matrimonio con Vielka. Dejé la Fuerza Aérea en 1986 y luego me mudé a Milford, Connecticut, para quedarme en el "Wrestlers Retreat in Milford" con otros luchadores que, como yo, tenían aspiraciones de convertirse en luchadores profesionales. Mi matrimonio se vio afectado por esto y, como resultado, Vielka y yo nos divorciamos oficialmente en 1987.

Poco después, me mudé a Pittsburgh en los años siguientes y me uní a Tri-State Wrestling como "Sy Youngblood", donde estaba mostrando mis habilidades acrobáticas como un nativo americano africano/indio. Al principio, tuve dificultades financieras, así que equilibré las finanzas conduciendo un taxi amarillo junto con la lucha libre para poder mantener el flujo de dinero. A menudo me arrepiento de haber tomado decisiones basadas en mi inmadurez porque tenía que hacerlo. Me mantuve alejado de Tasha Nycole y la extrañé. Sin embargo, me aseguré de que mantuviera su relación con su familia paterna llevándola a Pittsburgh de visita a pesar de las muchas dificultades. Como

Comencé a desarrollar seguidores en la lucha libre profesional, acepté una variedad de roles y disfruté entreteniendo a grandes audiencias. Si eran sólo 25 o 10.000 espectadores, no me importaba; Di todo de mí en todas y cada una de las actuaciones.

Me caracterizaba por ser muy atrevido con las maniobras aéreas, y este entusiasmo también hizo que abandonara temprano la escena de la lucha libre profesional. Vivía una vida de fantasía y aparecía constantemente en programas de todo el este de los Estados Unidos como personajes como Jumping Jack Flash, Chocolate Playboy, Iraqi Assassin y el sargento Sy Youngblood. Aunque mi carrera ya ha terminado, una cosa es segura: siempre atesoraré la experiencia de cautivar al público y asumir personajes diferentes.

Recuerdo vívidamente un incidente en el que tenía un combate y estaba esperando en el ring a que comenzara. Mientras tanto, mientras oraba, escuché a alguien entre la multitud insultarme con un insulto racista que,

"No eres más que un negro en una sábana".

Cuando miré fuera del ring, dos hombres hicieron un gesto a otro que sonrió con dientes y reconoció haberlo dicho. El legendario Bucky Palermo, el árbitro, se apresuró a enfrentarme, no para darme una reprimenda sino para impartir sabiduría. Me recordó que habría dificultades para interpretar a un personaje de Medio Oriente en Virginia Occidental. Bucky me recordó que la multitud pagó por mi actuación y me aconsejó que no abandonara el ring solo. Me dijo que me pusiera duro y prometió venir conmigo si lo necesitaba. Siempre estaré agradecido por el apoyo y la orientación de Bucky porque fue el mejor; me ayudó a comprender las complejidades del mundo de la lucha libre y a darle sentido a todo. Disfruté mucho actuando en la lucha libre y conocí a celebridades famosas como "The Rock", Dwayne Johnson cuando era estudiante universitario y su padre, Rocky Johnson, que era promotor en Catskills, Nueva York. Leyendas como Bruno Sammartino, The Bushwackers, Jimmy "Superfly" Snuka, que me dio grandes consejos, y Iron Sheik fueron parte de mis momentos especiales.

Gané títulos: fui coronado Campeón de Peso Pesado Junior de la Tri-State Wrestling Alliance, Campeones de Parejas Tri-State junto a TC Reynolds, el Campeonato de Peso Pesado de la IWA en Columbus, Ohio, y finalmente el Campeonato de Peso Pesado de la Federación de Lucha de Estados Unidos en Elmira. , Nueva York. Hubo muchas interacciones memorables en el camino y victorias notables en el mundo de la lucha libre.

Aunque me hice muy conocido en los días previos a las redes sociales en la industria de la lucha libre, múltiples conmociones cerebrales acabaron con mi carrera.

Me culpo por completo por mi partida anticipada, que se produjo como resultado de tomar riesgos importantes en el ring justo cuando estaba empezando a adaptarme a mi ritmo. Esa fue la primera vez que realmente luché contra la depresión. Me descuidé físicamente, dejé el levantamiento de pesas y trabajé con las consecuencias emocionales de terminar mi carrera de lucha libre profesional demasiado pronto. Se hizo evidente la falta de resolución y el impacto en mi estado psicológico. De hecho, fue una etapa difícil y desafiante de mi vida.

Capítulo 3: Hollywood en Monongahela

Cuando comencé mi andadura en una escuela de lucha libre en Connecticut, una de las primeras lecciones fue dominar el arte de caer. Llegué al centro de entrenamiento y noté un frasco de aspirinas en el tapete del ring.

El entrenador, Tony, enfatizó la importancia de aprender a soportar los golpes, explicando que es fundamental para prevenir lesiones. Destacó la importancia de meter la barbilla hacia dentro al caer para evitar lesiones en el cuello, explicando que distribuir el impacto de la caída por todo el cuerpo era fundamental. Si se escucha solo un impacto, indica una caída adecuada, a diferencia de dos impactos, lo que podría provocar lesiones, dijo.

El frasco de aspirinas sobre el delantal del ring representaba la dura realidad del proceso de entrenamiento. Aprender a caer correctamente fue la base de nuestro entrenamiento, ya que te preparaba para las exigencias físicas de la lucha libre profesional, similar al trabajo de acrobacias.

Durante las primeras semanas, lo único que podía practicar era caer. El consejo de Tony fue similar al de un especialista: '*Es crucial comprender la física de una caída. Ser un mejor especialista no es el objetivo; más bien, es para asegurarse de que los movimientos se realicen de forma segura en el ring.*' Los primeros días fueron realmente difíciles cuando me di cuenta del costo físico que le estaba cobrando a mi cuerpo tener que levantarme de la cama. Los exigentes requisitos físicos resaltaron lo importante que es comprender los fundamentos.

Puedo decir esto con certeza: las lecciones que aprendí sobre las caídas han resultado invaluables a lo largo de mi carrera de lucha libre. No se trata sólo de ejecutar movimientos llamativos en el ring, sino de comprender los conceptos básicos, garantizar la seguridad y, en última instancia, ofrecer una actuación cautivadora para el público. En el mundo de la lucha libre profesional, el ring de lucha no es un trampolín, como algunos podrían suponer. Al principio de mi carrera, no me gustaba sufrir caídas importantes. Más tarde supe que el estado del anillo juega un papel clave: algunos son más indulgentes, mientras que otros son rígidos. Esto influye en el tipo de movimientos que los luchadores se atreven a realizar.

Básicamente, la capacidad de respuesta del ring dictaba el estilo del partido. Un ring flexible fomentaba exhibiciones acrobáticas más arriesgadas, mientras que uno rígido conducía a un enfoque más conservador, priorizando el bienestar de los luchadores en una profesión físicamente exigente.

En la lucha libre, la calidad del ring es crucial. Si es bueno, estás dispuesto a hacer todo, ya sea saltar desde la cuerda superior, suplexes, lo que sea. Un anillo sensible hace que estos movimientos sean más seguros para tu cuerpo, mientras que un anillo duro te hace dudar a la hora de correr riesgos. La evaluación ocurre después del primer combate, y si el ring se siente bien, los luchadores hacen todo lo posible, sabiendo que soporta sus golpes y caídas.

Por lo tanto, si el ring se sentía bien, los del primer partido informarían y yo preguntaría sobre la calidad del "golpe". Una respuesta favorable significaba que incorporaría más maniobras de alto vuelo, confiando en la amortiguación del ring. Sin embargo, si el ring estaba rígido, prevalecía la precaución. El proceso implicó comunicación entre los luchadores. A veces, tu pareja sabría el estado del anillo; uno nunca debe olvidar que la seguridad es primordial, incluso cuando se superan los límites. Se trata de encontrar el punto ideal, particularmente un ring que permita una actuación emocionante sin comprometer el bienestar de los luchadores. Se necesita una evaluación cuidadosa para garantizar la ejecución segura de los movimientos en el ring. Deben ser emocionantes pero realizados con precisión en mente.

***

Ha habido numerosas personas e innumerables incidentes durante mi carrera de lucha libre que vale la pena recordar. Sin embargo, una personalidad que se destacó fue la de mi amigo, Errol Siegel, el manager de lucha libre de los muchachos. Jugó un papel vital en la familia de la lucha libre.

Manejaba a todos, incluidos los buenos de la banda, y su camioneta era el transporte para los espectáculos. A pesar de nuestras diferencias culturales (él era judío y yo árabe), bromeábamos diciendo que si podíamos llevarnos bien, la gente de nuestros orígenes también debería hacerlo. Errol, que se acercaba a las 400 libras, constantemente aclaraba que su peso era 399,5 libras cada vez que yo mencionaba en broma el número mayor.

Todo en el mundo de la lucha libre solía ser un montaje. Errol Siegel, conocido en el mundo de la lucha libre como el Dr. Sam Siegel, desempeñó el papel de neurocirujano para criminales dementes. Entró al ring con un estetoscopio, consolidándose como un personaje notorio. A pesar de su personalidad teatral, Errol era más que un manager de lucha libre; se convirtió en un querido amigo de la familia. El carácter único de Errol se extendió más allá del ring; Podría haber sido un peso pesado, pero su agilidad sorprendió a muchos. En el mundo de la lucha libre profesional, era conocido popularmente como un manager y un querido amigo para muchos. Nuestra conexión se extendió más allá del ring: él conocía a mi familia y a mis hijos, y yo conocía a sus padres en Nueva Jersey. Errol y yo desarrollamos un vínculo estrecho, lo que hizo de su muerte un momento profundo y triste para mí. Su legado en el mundo de la lucha libre permanece, pero la conexión personal que compartimos fue lo que realmente hace que su recuerdo sea duradero y significativo.

Como manager heel, siempre se ocupaba de los malos. Luchar contra él, especialmente frente a sangre joven, significaba estar en el lado opuesto. Los golpes de Errol eran duros, carentes de delicadeza, y cuando te golpeaban fuerte, se llamaba "papa". A menudo le decía que era el tipo más rígido debido a sus golpes contundentes. A pesar de esto, él y yo compartíamos una amistad especial.

Perseguirlo por el ring se convirtió en una rutina y, sorprendentemente, para un hombre de su tamaño, era notablemente ligero de pies. Nos unimos a la logística de la lucha libre, conmigo conduciendo su camioneta que transportaba a seis o siete luchadores junto con nuestro equipo. Este se convirtió en nuestro centro móvil de lucha libre, llevándonos de un lugar a otro, especialmente cuando yo todavía era nuevo en la escena de la lucha libre. Esos viajes estuvieron llenos de hermosos momentos en los que compartimos historias y risas, formando vínculos que durarían toda la vida. Al principio de mi carrera como luchador, yo era verde e inexperto; sin embargo, nuestra amistad creó una atmósfera de fraternidad. Nos convertimos en una familia muy unida, conociendo la vida personal, las esposas y las familias de cada uno. A pesar de actuar unos contra otros en el ring, había una regla tácita: nunca lastimarse unos a otros. La lucha libre era un esfuerzo de equipo similar a un baile cuidadosamente coreografiado. La audiencia era nuestra audiencia y necesitábamos entretenerlos sin causarles daño. Era fundamental ser conscientes del bienestar de los demás, garantizando que la actuación siguiera siendo cautivadora y segura. Con el tiempo, me di cuenta de que la lucha libre era más que un deporte; era una forma de arte. Unió a personas de diversos orígenes, convirtiéndolos en una familia muy unida que superó las diferencias culturales y personales. Éramos muchos y cuando salíamos juntos, algunos de los chicos fumaban marihuana. Siempre nos cuidábamos unos a otros y les advertíamos del peligro potencial que acechaba.

***

A lo largo de mi carrera de lucha libre, he creado muchos recuerdos invaluables. Uno de esos incidentes inolvidables involucró al gran luchador T.C. Reynolds, cuando viajamos a un espectáculo en Conneaut, Ohio, y descubrimos que lo cancelaron debido a una fuerte nevada. Estuvimos varados en un motel Best Western durante tres días; TC había traído a su hijo, lo que creó una experiencia de unión inesperada.

Durante esos días los tres formamos un compañerismo único. El hijo de TC, lleno de entusiasmo, convirtió la habitación del hotel en un campo de lucha improvisado. Saltaba de los muebles y golpeaba juguetonamente los codos en la cama. A pesar de nuestros personajes en pantalla como adversarios, esta vez juntos mostramos nuestro cuidado y respeto genuinos unos por otros.

Éramos más que simples oponentes fuera del ring, ya que compartíamos un estrecho vínculo de compañerismo. Esta experiencia puso de relieve el profundo parentesco que existía entre los luchadores. Compartimos un vínculo que iba más allá de las rivalidades escritas y enfatizaba el espíritu deportivo y el respeto mutuo. A lo largo de mi carrera, he oído hablar de una serie de creencias falsas sobre mi profesión. Uno de los conceptos erróneos más comunes que tiene la gente sobre los luchadores profesionales es que ganan mucho dinero. Sin embargo, la amarga realidad es que la lucha libre profesional no siempre fue lucrativa para nosotros. En algunos combates se pagaba tan solo 25 o 30 dólares, desafiando la ilusión de que todos los luchadores ganaban mucho dinero. En realidad, a menudo ganábamos lo suficiente para contribuir al dinero de la gasolina de Errol para el viaje.

Las luchas financieras eran comunes, evidentes en el hecho de que a veces no podíamos permitirnos habitaciones de hotel. Después de un espectáculo, conducíamos de regreso a una ciudad por la noche en lugar de pasar la noche. A pesar del magro salario, manteníamos un sentido de camaradería. Si alguien conducía, otros colaboraban para compartir la responsabilidad.

El dinero escaseaba y nuestras comidas posteriores a los partidos a menudo consistían simplemente en sándwiches caseros. Irrumpir en el negocio de la lucha libre trajo consigo desafíos financieros y el salario inicial no reflejaba el arduo trabajo y la dedicación. Fue un viaje difícil, pero la pasión por la lucha libre y el vínculo entre los luchadores nos mantuvo adelante, incluso frente a las limitaciones financieras.

En la lucha libre profesional, las ganancias variaban, y algunos ganaban 50 dólares o menos por combate. El promotor repartió discretamente pagos individuales, convirtiéndolo en un asunto privado. A pesar de las posibles disparidades salariales, nunca discutimos quién ganaba cuánto, ya que se consideraba tabú en el mundo de la lucha libre.

A veces, siento que los luchadores no son menos que actores porque también se esperaba que desempeñáramos ciertos roles y permaneciéramos en ese personaje durante la duración de nuestros espectáculos. Mantener el acto era fundamental, incluso fuera del escenario. Aunque los buenos y los malos viajarían en el mismo auto, al llegar al pueblo nos separaríamos. Los "tacones" (villanos) se cubrían la cara para mantener la tradición de mantener separados a los buenos y a los malos. Este compromiso con las tradiciones del negocio de la lucha libre se extendió más allá del ring, enfatizando la importancia de mantenerse en el personaje y preservar la ilusión de las rivalidades. Fue un entendimiento silencioso entre los luchadores, que reforzó la creencia de que tanto dentro como fuera del ring, las líneas entre héroes y villanos deberían permanecer claras. Contribuyó a la mística de la lucha libre profesional.

Teníamos que escondernos al llegar al auditorio o al gimnasio, y entrábamos separados como si no estuviéramos juntos hace cinco minutos. Trabajamos muy duro para garantizar que este secreto del negocio estuviera protegido a toda costa. El término utilizado para este acto fue "Kayfabe", que significa "ser falso". En la lucha libre profesional, "kayfabe" era nuestro principio rector: el arte de mantener la ilusión de que la lucha libre era real. La separación entre los buenos (caras de bebé) y los malos (tacones) fue vital para el éxito del programa. Este compromiso con la tradición era necesario, especialmente en los primeros días cuando el público creía que la lucha libre era genuina, no escenificada, como ahora la entienden.

Tengo un buen recuerdo de un partido en el que trabajé con T.C. Reynolds, donde actué como el asesino iraquí contra su personaje de patriota estadounidense. El partido inicialmente fue cancelado debido a la nieve, pero cuando se reprogramó, TC ganó. En un ataque planeado después del partido, debía golpearlo con mi bandera iraquí. TC insistió en que lo golpeara fuerte por su autenticidad. La multitud, creyendo en la historia, se volvió loca cuando le di un fuerte golpe, dejando una marca diagonal en su espalda.

La reacción del público fue intensa. Tuve que luchar para salir del ring y escapar al camerino. El molesto promotor rápidamente organizó a dos ayudantes del sheriff para que me escoltaran fuera por motivos de seguridad. La multitud, aunque apoyaba mi carácter, estaba genuinamente furiosa por el ataque a la bandera. Fue una experiencia única en la que aprendí sobre el poder de contar historias en la lucha libre y cuán emocionalmente involucrada puede llegar la audiencia.

Ser un rudo, el "chico malo", era más divertido para mí, ya que siempre me generaba emoción. Agitar a la multitud, provocar reacciones y decir cosas para irritarlos añadió un aspecto dinámico a la actuación. Sin embargo, este incidente en particular lo llevó a otro nivel, ya que la audiencia se indignó. Si bien el promotor apreció la reacción de la multitud, estaba genuinamente preocupado por mi seguridad, lo que llevó a que los ayudantes del sheriff me escoltaran fuera de la ciudad.

La intensidad de la reacción del público, el calor que generé, fue un testimonio del éxito de la actuación. Sin embargo, fue a costa de mi seguridad, revelando la delgada línea que caminaban los luchadores entre el entretenimiento y el riesgo personal. Era un claro indicador de que, como villano, había hecho un trabajo eficaz si la multitud creía que los hechos eran reales. A pesar de los peligros, destacó la naturaleza inmersiva de la lucha libre profesional, donde la inversión emocional del público superó la naturaleza escrita de los combates.

Mientras me duchaba y vestía rápidamente, los sheriffs me acompañaron fuera de la ciudad. La adrenalina, mezclada con la preocupación genuina por mi bienestar, hizo que fuera una experiencia memorable y un tanto desgarradora. Fue un crudo recordatorio de que el compromiso con kayfabe en ocasiones tenía consecuencias tangibles. En retrospectiva, el incidente sigue siendo un capítulo vívido en mi viaje de lucha libre. Refleja la dinámica única entre los artistas y el público, donde se mantiene cuidadosamente la ilusión de la realidad. Puede crear un espectáculo estimulante que, en ocasiones, puede traspasar los límites del ring. La pasión, tanto de los artistas como del público, fue lo que hizo de la lucha libre profesional una forma de entretenimiento duradera y notable.

El promotor de nuestros programas parecía que podría ser elegido para Los Soprano, como si fuera dueño de una cadena de pizzerías en Youngstown, Ohio. Siempre apreció mi truco del

Medio Oriente, reconociéndolo como un elemento convincente para la audiencia. Sin embargo, a pesar de su entusiasmo, había una preocupación genuina por mi seguridad después de un partido particularmente intenso con Tommy esa noche.

Las líneas borrosas entre ficción y realidad se hicieron evidentes cuando el público, completamente involucrado en la historia, estaba listo para derribar puertas para llegar al vestuario donde yo estaba. A pesar del caos controlado en el ring, la camaradería entre los luchadores se mantuvo fuerte. Una vez fuera del pueblo y lejos del ferviente público, nos reagrupábamos, compartiendo comidas y risas entre nosotros.

***

Mi carrera como luchador resultó ser bastante aventurera para mí, ya que también tuve la oportunidad de participar en varias películas como extra. Durante un espectáculo en Pittsburgh, estaba en un bar llamado Harris Grill. Lo regentaba una familia griega y era el mismo lugar donde conocí a mi segunda esposa. Un giro inesperado de los acontecimientos durante una gira me llevó al mundo de la actuación. Un barman que trabajaba en el lugar donde actuamos estaba asociado con la agencia de casting Nancy Mosser; era conocido por elegir extras en películas. Intrigada por la idea, me organizó una entrevista, considerando mi experiencia única en la lucha libre profesional.

Esta oportunidad me abrió las puertas para ser parte de varias películas, entre ellas "El silencio de los inocentes". Inicialmente, existía la posibilidad de tener un papel más visible en el equipo SWAT, pero surgió un conflicto por mi largo cabello rubio decolorado. Los productores querían que lo cortara por motivos de autenticidad, a pesar de que el papel no incluía ninguna línea de diálogo ni elegibilidad para una tarjeta del Screen Actors Guild (SAG). No dispuesto a comprometer mi truco de lucha libre, lo rechacé, lo que me llevó a una escena menos prominente con Jodie Foster en un aeropuerto de Pittsburgh donde me encontraba en un rincón.

La situación se repitió en "El aceite de Lorenzo", donde conseguí un papel más visible como extra. Sin embargo, el conflicto por mi apariencia volvió a ocurrir en "Dead and Alive: The Race for Gus Farace", con estrellas como Tony Danza y un actor en ascenso llamado Samuel L. Jackson. No estaba de acuerdo con lo que los productores querían que hiciera con mi cabello.

Durante el mismo viaje, en un encuentro memorable con Samuel L. Jackson durante un descanso para comer, expresó desdén por la comida del catering, calificándola de "mierda NMF". Haciendo el papel de un sabelotodo, sugerí que fuéramos a su tráiler para comer mejor, provocando las risas de los demás extras. Aunque Jackson me lanzó una mirada severa, se alejó sin responder. No sabía que se convertiría en un actor muy solicitado en los años venideros. Aunque he tenido una buena cantidad de desafíos durante mi carrera de lucha libre, fue un viaje divertido. En una etapa de mi vida marcada por diversas experiencias, mi participación en la lucha libre profesional se entrelazó con aventuras inesperadas en la actuación y el modelaje. Este viaje multifacético se desarrolló durante un período vibrante en Pittsburgh cuando las producciones cinematográficas prosperaban y las oportunidades parecían ilimitadas.

Al principio de mi transición de la vida militar a la vida civil, me encontré conduciendo un taxi con el número distintivo 225, conocido por los oyentes del programa de radio nocturno de Ron Chavis. Esta exposición inesperada se convirtió en una forma única de promoción, proporcionando un agradable impulso a mis esfuerzos. Si bien la lucha libre consumía mis fines de semana, conducir un taxi me sostenía durante la semana y me ofrecía estabilidad financiera.

En esta fase dinámica, seguí una escuela de investigación privada, revelando una combinación diversa de profesiones. Mis días eran un torbellino de luchas, papeles en películas y trabajos como modelo. Aproveché cada oportunidad, saboreando la emoción de vivir los sueños concebidos durante mi adolescencia. Este período, que impidió mi segundo matrimonio, me ofreció una existencia sin preocupaciones donde las tensiones de la vida familiar aún no se habían materializado.

En medio de la emoción, me sumergí en un combate de lucha libre y conté incidentes que subrayaban los riesgos inherentes a este deporte físicamente exigente. Un partido en particular en el norte del estado de Nueva York me dejó con un recuerdo confuso después de un movimiento potencialmente peligroso. A pesar del aturdimiento, el espectáculo continuó, ilustrando la determinación alimentada por la adrenalina que caracterizó las presentaciones en vivo. Sin embargo, el pináculo del riesgo se desarrolló durante un partido en Batavia, Nueva York, con Larry Winters. Explicaré más detalladamente este incidente más adelante en este capítulo. Luchando contra el dolor, el partido concluyó, pero marcó un punto de inflexión. El costo acumulado de conmociones cerebrales y lesiones llegó a un punto crítico, lo que generó preocupación por parte de mi médico. Al enfrentarme a una decisión fundamental, tuve que reconocer el costo físico de mi carrera de lucha libre. Los riesgos inherentes, desde conmociones cerebrales hasta costillas rotas, eran innegables.

Aunque había sufrido una lesión grave y mi segunda esposa, médico y promotor querían que acortara la gira, lo negué. Fui al ring nuevamente y luché en una pelea por equipos. Había un caballero luchador, Muhammad Abdullah, que era de Sudán y vivía en el lado norte de Pittsburgh. Era como un hermano para mí y fue un partido contra él que me provocó lesiones graves.

Durante el partido, me arrojó a un tensor y cargó contra mí; Accidentalmente me agarró las costillas y ambos las oímos crujir. Se sintió terrible tan pronto como hizo el movimiento ya que pudo ver que después de eso no podía respirar. Mi compañero de equipo entró y terminó el combate en mi nombre, ya que no podía continuar debido a mis heridas.

Recuerdo que cuando me dislocaron los dedos, el árbitro, con ojo de águila, vino sorprendentemente para ayudarme a volver a colocarlos en su lugar. Por alguna razón, compartía un vínculo extraño con él. Si yo estuviera jugando "baby face" en un partido, él apoyaría al "talón" y viceversa. Era un árbitro bastante experimentado y me enseñó mucho a lo largo de mi carrera de lucha libre.

Al reflexionar sobre estos incidentes, reconocí el contraste entre la lucha libre profesional y los mitos que siguieron. A menudo se lo tacha de “falso” debido a su naturaleza escrita, pero sigue siendo innegablemente agotador y físicamente exigente. La historia resume la paradoja de una industria que combina el atletismo con el espectáculo, donde los artistas navegan por un delicado equilibrio entre entretenimiento y riesgo físico genuino.

Otro incidente que me dejó una impresión es el de la leyenda viviente Larry Winters. Provocó un torbellino de espectáculos de lucha libre, con cinco eventos en cuatro días intensos. La gira comenzó el jueves por la noche, seguida del viernes por la noche, el sábado por la tarde y el sábado por la noche, que concluyó con un espectáculo el domingo por la tarde. Horarios tan rigurosos eran comunes en el circuito de lucha libre independiente, y exigían resistencia física y un compromiso inquebrantable con el arte.

El incidente específico que ocupa un lugar preponderante en mi memoria ocurrió en Batavia, estado de Nueva York, durante esta gira. Los espectáculos de lucha libre se programaron estratégicamente, combinando actuaciones a primera hora de la tarde y por la noche: un formato que puso a prueba los límites de la resistencia física. A pesar de los desafíos, nosotros, como luchadores profesionales, aprovechamos la oportunidad de mostrar nuestras habilidades y entretener al público.

El punto central de esta gira fue el memorable combate con Larry Winters, donde una desafortunada insistencia en ejecutar un piledriver se convirtió en un momento crucial en mi carrera de lucha libre. Larry tenía reservas sobre los peligros potenciales de la medida y expresó su reticencia a proceder. Sin embargo, impulsado por la determinación y tal vez subestimando los riesgos, lo insté a seguir adelante. Este partido específico no fue sólo una parte ordinaria de la gira, sino la culminación de acontecimientos que condujeron a un momento decisivo. En esencia, la lucha libre implica riesgos calculados y, a veces, estos riesgos pueden provocar lesiones. En este caso, las repercusiones fueron severas, dejando una parte de mi cuero cabelludo expuesta debido al martinete. Las costillas rotas por un movimiento mal ejecutado provocaron que mis dedos se dislocaran, además de otras lesiones. Esto pintó una imagen vívida de las exigencias físicas que requería el anillo.

Los rigores de la gira continuaron a pesar del costo físico. De hecho, los luchadores a menudo se encuentran atrapados entre la determinación alimentada por la adrenalina de entretener a la audiencia y las innegables tensiones en sus cuerpos. Entonces, mientras lidiaba con las consecuencias del incidente del martinete, el espectáculo persistió. No hubo un partido ceremonial de retiro ni una oportunidad de despedirme en mis términos.

Un luchador a menudo imagina una gran salida, un combate de retiro o una despedida ceremoniosa, un lujo que a mí se me escapaba. La lucha libre, una profesión que resume los altibajos del triunfo y los mínimos de las lesiones, exigió que enfrentara la realidad de una partida no planificada.

A pesar del abrupto final de mi carrera como luchador, siguió el reconocimiento y el aprecio. La incorporación al Salón de la Fama de la Federación de Lucha Libre de Estados Unidos validó el impacto de mis contribuciones. Este reconocimiento se extendió más allá del ring mientras interactuaba con la comunidad. Las charlas en Boys and Girls Clubs, las visitas a hospitales para inspirar a los niños y los eventos promocionales se convirtieron en parte integral de mi papel como defensor.

Ser portavoz de la Federación de Lucha Libre de Estados Unidos fue más allá de las actuaciones dentro del ring. Implicó promociones de radio, apariciones en televisión y participación comunitaria. La responsabilidad de mantener la tradición y promover la organización recayó en el campeón, brindando una oportunidad de inspirar y motivar a través de diversas vías. La fase posterior a la lucha libre fue un viaje de círculo completo cuando hice la transición a charlas motivacionales y tutorías, centrándome principalmente en los jóvenes. El impacto en los niños durante las visitas al Boys and Girls Club ilustró la profunda influencia que los luchadores pueden tener más allá de los confines del ring. La lucha libre, a menudo mal entendida como entretenimiento con guión, se convierte en una poderosa plataforma para que mentores y motivadores se conecten con mentes impresionables.

Capítulo 4: Perdiendo Parte de Mi Alma

Recuerdo que tuve una conmoción cerebral grave durante mi combate de lucha en Batavia, Nueva York. Al regresar a la casa de mi familia en Alexandria, Virginia, decidí hablar sobre mis lesiones con mi médico. Él estaba al tanto de mi historial de conmociones cerebrales y de que yo era un luchador profesional. Me advirtió que no siguiera luchando, especialmente después de sufrir múltiples sacudidas.

Mi médico me explicó que una conmoción cerebral más grave podría haber sido letal o haber causado una lesión cerebral traumática. Dados los riesgos, se sintió obligado a aconsejarme que dejara de luchar. Me di cuenta de la gravedad de la situación después de oírlo hablar. A pesar de este consejo, luché en un último espectáculo en el condado de Sullivan, Nueva York.

Decidí retirarme tranquilamente sin decírselo a nadie después de ese partido. Estreché la mano de todos, dejé atrás el mundo de la lucha libre y regresé a Virginia para cuidar de mi familia y mi salud porque no quería correr el riesgo de volver a lastimarme.

Asistí a un espectáculo de lucha libre más en Nueva York a pesar de las advertencias de mi médico sobre los peligros de continuar con el deporte debido a las conmociones cerebrales. Ya me había comprometido con el evento, así que me arriesgué; sin embargo, después de ese programa, sentí que era hora de dejarlo todo. Mi esposa y el promotor estuvieron entre los que se sintieron decepcionados porque no hubo una ceremonia formal para marcar mi retiro. Mi esposa estaba preocupada por los posibles efectos en nuestra familia si sufría otra conmoción cerebral; por lo tanto, todos estaban preocupados por mi seguridad. Fue difícil para mí retirarme de la lucha libre profesional porque extrañaba la emoción de competir. Era imposible describir la sensación de escuchar a la multitud reaccionar o cruzar la puerta con mi música sonando. Sus aplausos y burlas me provocaron una oleada de emoción y realmente extrañé la energía que obtenía de su adoración.

Dejar atrás la lucha libre me hizo descuidar mi bienestar físico. Dejé de hacer ejercicio, subí de peso y bebí demasiado; Fue un momento agotador física y emocionalmente para mí. Me molestó no poder jubilarme por mi propia voluntad; más bien, fue debido a eventos fuera de mi control.

Sin embargo, después de que dejé la lucha libre, mi carrera de seguridad despegó, lo que me consoló. Pude seguir adelante y adaptarme a los cambios en mi vida a pesar de los desafíos. Aunque extrañaba la emoción del ring, estaba contento en otras áreas de mi trabajo porque me iba bien.

Me alegro de haber creado hermosos recuerdos a lo largo de mi carrera que atesoraré por el resto de mi vida. Recuerdo la vez que luché en el Civic Arena de Pittsburgh frente a 10.000 fanáticos; fue una experiencia estimulante.

Fue emocionante luchar frente a una gran audiencia, especialmente porque muchos de mis amigos también estaban allí para ver el espectáculo. Ya sabíamos que perderíamos el partido porque estaba planeado de antemano, pero eso no disminuyó la emoción. Nos enfrentamos al legendario equipo, el Midnight Express original. Me veía bien con mi compañero,

Dante DiNucci, pero mis amigos culturistas no entendían por qué teníamos que perder contra ellos. No sabían que estas actuaciones solían estar escritas con guión. El promotor y el booker decidirían quién ganaría el partido y solo nos informaron. En ese momento, la Alianza Nacional de Lucha Libre se convirtió en la WCW y era bastante conocida.

Estaba compitiendo contra la WWF, que luego se convirtió en la WWE. Estaba en un programa de la NWA, pero había muchos nombres importantes, como Lex Luger y Ric Flair, en la WCW.

Esa noche en el Civic Arena fue uno de los momentos más destacados de mi carrera como luchador, aunque me decepcionó perder. La energía de la multitud fue asombrosa, especialmente en la arena repleta de 10.000 personas. ¡Fue ensordecedor! Fue una emoción increíble actuar frente a una audiencia tan grande y sentir su entusiasmo. Este tipo de ocasiones hacen que todo el esfuerzo y sacrificio valga la pena.

Además de la lucha libre, hice una gira por el Medio Oeste para cuatro shows con la banda Steppenwolf. En las ferias del condado, nos veían luchar por la tarde y nosotros los veíamos a ellos (Steppenwolf) tocar en su concierto por la noche. ¡Fue fantástico! Mi carrera de lucha libre me ha dado mucho que agradecer.

Renunciar a la lucha libre fue ciertamente como perder una parte de mi alma. Después de haber dedicado 16 años a la lucha libre profesional (incluso dejé la Fuerza Aérea en 1986 para dedicarme a ella), me sentí increíblemente decepcionado. La lucha libre era mi pasión, aunque podría haber seguido en el ejército y tener un plan de retiro. Fue un duro golpe dejar la lucha libre, aunque luego regresé brevemente al ejército. Disfruté todos los aspectos de la lucha libre, incluidos los viajes, las relaciones de amigos con los chicos e incluso dar discursos inspiradores en Boys and Girls Clubs. Aunque fue gratificante representar el deporte, siempre pensé que podría haber llegado a una audiencia más amplia si las redes sociales hubieran estado disponibles. Habría tenido más acceso a una plataforma más grande si las redes sociales hubieran existido en aquel entonces. Independientemente de mis esfuerzos, no obtuve la exposición generalizada que podría haber tenido en el mundo actual. No tener a nadie con quien hablar sobre esta decepción hizo que fuera aún más difícil lidiar con ella.

Me di cuenta de cambios en mí después de dejar la lucha libre. Mi ya excesivo consumo de alcohol empeoró aún más y subí de peso. No estaba enojado con nadie en particular; Simplemente estaba decepcionado por la situación en la que me encontraba. Me sentí impotente porque las cosas habían llegado a un punto en el que un médico tuvo que intervenir.

***

En el año 2000, mientras estaba en el área de Washington DC, recibí una llamada de una empresa llamada Potomac Group con sede en Alexandria, Virginia. Me pidieron que brindara seguridad en una situación laboral en el sur de Virginia. Resultó que la empresa iba a cerrar y me asignaron la tarea de proteger al vicepresidente, quien tenía que dar la noticia. Hice un buen trabajo y rápidamente se corrió la voz sobre mis habilidades.

Pronto me gané un apodo: "el rey de los cierres de las punto com". Verá, la industria punto com estaba colapsando en ese momento y muchas empresas de alta tecnología estaban abandonando el negocio. Me llamarían para supervisar los cierres y garantizar que se llevaran a cabo sin problemas y de forma segura. Mi experiencia militar y mi disciplina me ayudaron a sobresalir en este rol.

Mi reputación de trabajo meticuloso y minucioso creció a medida que continuaron las solicitudes de estos cierres. La gente empezó a recomendarme para tareas de seguridad porque podían confiar en mi experiencia. Mi carrera en la industria de seguridad del área de DC comenzó gracias a esto. Con el tiempo, comencé a realizar viajes internacionales por trabajo y para entonces ya había estado en 40 países. Sin embargo, a medida que me volví más conocido en la industria de la seguridad, descubrí que viajaba aún más. Comencé a brindar seguridad para eventos internacionales como los Juegos Olímpicos, lo que me obligó a viajar a muchas naciones. Hasta ahora, creo que he estado en 136 países y, en mi opinión, Sudáfrica es definitivamente uno de los mejores lugares para viajar. Ciudad del Cabo se encuentra entre mis cinco ciudades favoritas en todo el mundo: Nueva York, Río de Janeiro, Melbourne y Bangkok.

Desarrollé una próspera carrera en seguridad siendo comprometido y profesional, lo que me ayudó a ganarme el respeto y la confianza de mis compañeros de trabajo. Me destaqué en este campo debido a la disciplina y la atención al detalle que impartió mi entrenamiento militar. Aunque fue difícil para mí dejar la lucha libre profesional, me ayudó a tener una carrera exitosa en seguridad.

Es cierto que al principio me sentí devastado por mi decisión de optar por no dedicarme a la lucha libre; sin embargo, con el paso del tiempo, hice las paces con ello. Me di cuenta de que nada en esta vida es permanente y debemos aceptar esta realidad. La vida no se detiene y continúa pase lo que pase; debemos aprender a vivir con ello. Siempre hay luz al final del túnel, por lo que nunca debemos perder la esperanza en tiempos difíciles.

Capítulo 5: Paternidad

Uno de los aspectos más gratificantes de esta vida es la paternidad. Ver a sus hijos convertirse en personas prometedoras y talentosas es una alegría inigualable. Ver sus primeros pasos, escuchar sus primeras palabras y presenciar cómo florecen sus personalidades únicas son momentos que permanecerán contigo para siempre. Es realmente una bendición con la que tuve la suerte de ser bendecido. Mis tres hijos son la luz de mi vida y fácilmente puedo sacrificar mi vida por ellos.

Mi hermosa primogénita, Tasha Nycole Alli, es de mi primera esposa, Vielka Johnson. Vielka y yo nos casamos siendo muy jóvenes. Ella tenía 18 años y yo 21 y pensábamos que sabíamos todo en el mundo. Nuestra decisión nos pareció lo más sensato ya que éramos dos jóvenes enamorados.

A Salli Sy Alli Jr., mi padre, no le gustó esta idea. Intentó hacerme ver las cosas desde una perspectiva de largo plazo y me aconsejó que no me apresurara en una decisión tan fundamental. Trató de explicar que ambos éramos jóvenes y que necesitábamos explorarnos más a esa edad. Sin embargo, a esa edad, éramos bastante inmaduros y aceptamos lo que nos parecía correcto. Padre mío, Dios, que descanse su alma. Incluso después de no estar de acuerdo al principio, entendió nuestra decisión y nos extendió sus bendiciones.

En 1982, Vielka y yo nos casamos en el Juzgado de Paz de Minot, Dakota del Norte. No hubo iglesia, ni gran cena de boda, ni discursos, sólo dos personas que habían tomado la decisión de pasar sus vidas juntas. Al principio todo parecía maravilloso y la mayor parte del tiempo vivíamos en Alemania mientras yo estaba destinado allí. En 1984 nació nuestra hermosa hija Tasha. El hospital de la base aérea de Hahn carecía de espacio para camas y necesitábamos el apoyo de la familia, dado que yo estaba de servicio por una misión que duraba más de un mes. Sus padres estaban en California y reservamos urgentemente un vuelo allí. Fue una buena decisión porque sus padres ayudaron en el momento del nacimiento de Tasha, aunque separarme de mi pareja en un momento tan cargado de emociones fue bastante difícil para mí.

Tan pronto como terminó mi asignación, volé a California. No podía esperar para abrazar a mi precioso ángel y estar cerca de mi pareja. Inmediatamente me enamoré de Tasha. Tenía la cara de una muñeca egipcia con grandes ojos de cierva. Estaba feliz sin comparación. Sus rasgos ligeramente árabes y su rostro angelical tenían mi corazón en un puño. Las emociones que sentí en el nacimiento de mis hijos no se pueden comparar con ningún otro sentimiento. En verdad, la paternidad es una bendición.

Después del nacimiento de Tasha, dejé el ejército para seguir una carrera en la lucha libre y convertirme en luchador profesional. Aquí es donde Veilka y yo tuvimos nuestro desacuerdo. Ella quería que me quedara en el ejército porque tenía un futuro brillante por delante. Estaba ascendiendo de rango con éxito y era muy respetado como supervisor y mentor. Sin embargo, mi inclinación por la lucha libre era demasiado fuerte y en 1987, Veilka y yo separamos nuestros caminos.

Fue una época difícil en la vida. Había perdido a mi pareja e, inevitablemente, también a mi hija. El papel de padre que podría haber desempeñado al estar ahí para Tasha, no lo pude hacer.

Afortunadamente, mi vínculo con mi hija a lo largo de los años se mantuvo fuerte. El crédito por esta fuerte conexión también es para Veilka, quien crió bien a nuestra hija y siempre me mantuvo parte de la vida de Tasha, especialmente cuando era más joven. Al recordarlo, Veilka y yo nos reímos de la decisión que tomamos a una edad tan temprana. Ambos éramos inmaduros, pero ella definitivamente era más madura que yo incluso entonces. Soy una de esas personas afortunadas que mantienen relaciones cordiales con sus ex parejas. No hay animosidad entre nosotros. A Veilka, siempre le desearé éxito y felicidad para la maravillosa persona que es.

A veces, la vida tiene una manera de enseñarnos nuevas lecciones cuya enormidad, en ese momento, no somos capaces de captar. Nos resentimos y cuestionamos, pero con el tiempo entendemos que pasamos por diversas situaciones sólo para llegar a un lugar mejor, que es el regalo de la vida para nosotros. También es siempre importante recordar que ningún destino en la vida es el destino final. La vida continúa y tú debes seguirle la corriente.

La lección que aprendí de mi primer matrimonio fue que cuando eres joven e inmaduro, también tiendes a ser egoísta. A todo el mundo le pasa, pero lo que importa es superar esa tendencia y esforzarse por convertirse en una mejor versión de uno mismo. En mi caso, me llevó un poco más de tiempo pero sólo me ayudó a convertirme en la persona que soy ahora.

el 3^{tercero} En septiembre de 1994 me casé con mi segunda esposa, Alicia George. Era una mujer exitosa que trabajaba como ejecutiva de noticias en televisión y yo estaba enamorado de ella. Alicia y yo tuvimos dos hermosos hijos juntos. Samaria Hope Alli, a quien llamábamos Sammie, nació el día 30th de enero de 1996, y su hermano pequeño, Sy Salli Alli Cuarto, vinieron a este mundo el 11 de octubre de 2000.

Debido a mi despliegue, me perdí el nacimiento de Tasha en ese momento, pero con Sammie y Sy pude presenciar el milagro del nacimiento de su hijo. No hay palabras que puedan resumir la sensación de ver nacer a tu hijo y darte cuenta de que ahora eres padre. Acontecimientos como estos tienen un impacto duradero en su corazón y su mente, y alteran completamente su vida.

Mientras Alicia trabajaba en televisión, traté de limitar mis viajes a la lucha libre profesional ya que teníamos al pequeño Sammie con nosotros. Necesitaba a sus padres, y con ambos fuera de escena, el niño habría quedado completamente abandonado. Recibí ofertas para giras por todo el mundo, pero no me sentó bien dejar la responsabilidad total de nuestro hijo a mi esposa, especialmente cuando ella también trabajaba a tiempo completo.

Entonces, después de 16 años en la lucha libre profesional, la dejé y comencé a trabajar en la industria de la seguridad. Estaba completamente destrozado. La lucha libre era mi sueño y mi pasión. Desafortunadamente, tuve que dejarlo pasar y estos cambios traumáticos comenzaron a marcar la pauta para mi segundo matrimonio. Como escape, me ahogé en el trabajo.

Quería estar presente; Quería estar allí con mi familia, mi esposa y mis hijos, pero no pude. Durante un par de años en mi trabajo en la industria de la seguridad, estuve de viaje 250 días al año, y eso es una cantidad significativa de tiempo lejos de mis seres queridos. Las personas cercanas a ti no merecen tu ausencia. Como pareja y padre, siempre debes priorizarlos y apreciar su presencia.

Sin embargo, Alicia era una mujer paciente y no abandonó nuestro matrimonio. Sin embargo, nuestra relación realmente tocó fondo cuando me retiré. Después de la muerte de mi padre en 2005, y un poco más tarde de mi suegro, quedé completamente desconsolado y perdido. Me sumergí en el trabajo y los viajes. Me alejé cada vez más de mi familia y, en lugar de buscar consejo, me volví más rígido en mis costumbres. No busqué ayuda. No confié en mi pareja ni en mi matrimonio cuando debería haber hecho exactamente eso. Ahora creo que compartir la felicidad y los agravios en el matrimonio es muy importante, ya que permite que la confianza y el compañerismo fluyan a través de la relación, y ambos miembros de la pareja se sienten incluidos en la vida del otro.

Y así sucedió que la depresión se apoderó de mí. Pasé meses viajando, ausente de la vida de todos, y finalmente tuve que afrontar las consecuencias. En 2014, Alicia y yo nos separamos. Estuvimos casados durante 20 años y antes de eso estuvimos involucrados durante seis años. Conocer a una persona durante 26 años y luego perderla... el dolor era incomprensible y no sabía cómo funcionar.

Llorar cuando no sabes cómo hacerlo es la parte más difícil de la vida. Te despiertas y sientes una carga en tu alma, pero no puedes desahogarte. En 2015, cedí a la debilidad y traté de acabar con mi vida. Sin embargo, en tiempos como estos, siempre hay que recordar que siempre hay un verano cálido después de un duro invierno. Siempre debes buscar orientación y asesoramiento para no pelear tus batallas solo como lo intenté yo. Alicia fue una mujer increíble y mi compañera durante mucho tiempo. Mis propios defectos nos separaron. A través del resultado de mis matrimonios, pude autoanalizarme y trabajar para convertirme en una mejor persona. Este camino me llevó a donde estoy hoy: más arraigado espiritualmente.

Mis dos matrimonios me brindaron la bendición de la paternidad. Ver a Tasha, Sammie y Sy me hace sonreír de orgullo. Todos crecieron hasta convertirse en personas maravillosas y talentosas.

Mis ex parejas trabajaron incansablemente con los niños, incluso en los momentos en que yo estaba ocupada con el trabajo. Los adultos, los tres, han crecido y el vínculo de amor que comparten llena mi corazón de alegría y calidez.

Tasha, que pronto cumplirá 40 años, es madre de mi nieta de 3 años, Joiee Wray Kenney. Ella y yo compartimos un vínculo muy fuerte entre padre e hija, y este vínculo se ha vuelto más fuerte a medida que yo he madurado con la edad.

Samaria, de 27 años, es una mujer profesional que trabaja en una empresa de aviones privados en Arizona. Trabaja en el departamento de logística y le gusta aventurarse. Ella ha heredado de mí sus tendencias nómadas. Si bien Tasha se parece a mí, Samaria es igual a mí.

Mi pequeño, Sy Cuarto, tampoco es pequeño. Tiene 23 años y es futbolista profesional en México. Es un hermoso atleta y un alma aún más hermosa. Durante mi divorcio de Alicia, mientras Samaria estaba ocupada sentándose y estudiando en la universidad, Sy estaba sola. Estaba profundamente herido y molesto. Sin embargo, incluso después de todo, él y yo compartimos un vínculo inquebrantable y, sin duda, estoy orgulloso de él. En el lugar en el que estoy, encontré consuelo y construí una conexión con Dios. No me siento y lamento mi pasado. Cometí mis errores y aprendí mis lecciones. Desearía ser un padre y socio más presente, pero desafortunadamente no lo fui.

Sin embargo, trabajé en eso y traté de estar ahí para mis hijos y celebrar sus vidas. No sólo trato de ser un mejor padre para Tasha, sino que también trato de ser un abuelo increíble para la pequeña Joiee.

La clave de la vida es siempre empezar poco a poco y pasar a cosas más grandes. Esto promete cambios que son irreversibles. Di pequeños pasos; Controlé mi hábito de maldecir y finalmente lo dejé por completo. Luego, me centré en mi hábito de beber y luego de fumar. A la larga superé los hábitos que atribuía a mi debilidad y demostré a mis hijos que me estaba esforzando. En la vida, habrá muchos momentos difíciles que enfrentarás y muchos sueños a los que quizás tengas que renunciar. Aun así, es importante recordar que algunos sueños se hacen realidad.

Cuando era niño soñaba con ser un superhéroe y lo hice. Viví mi sueño de la lucha libre profesional; eso era nada menos que ser un superhéroe. Ahora que Dios me ha tomado bajo su protección, no puedo agradecer lo suficiente a las fuerzas por permitir que mi viaje me condujera hasta aquí. Ahora soy mucho mayor y más sabio, y mi corazón está en paz. Puede que mis hijos aún no comprendan mi decisión de convertirme en ministro, pero sé que tanto Veilka como Alicia lo aprecian. Siempre es importante seguir tu corazón; el resto sigue.

Capítulo 6: Adiós mi amigo

Mi padre, Salli Sy Alli Jr., era en parte árabe ya que mi abuelo era de Yemen. Tenía ojos grandes que penetrarían profundamente en tu alma. Cuando se enojaba, sus grandes ojos se abrían como los de un sargento instructor. Por fuera, mi padre era un hombre duro con el que cualquiera se lo pensaría dos veces antes de meterse con él. Sin embargo, por dentro, era un hombre blando con un corazón blando.

Era una figura querida en la comunidad. Todo el mundo simplemente adoraba a mi padre. En su época, era un legendario jugador de baloncesto del instituto, la estrella del espectáculo. Era tan bueno en su juego que podría haber jugado con los Harlem Globetrotters. Su actuación de excelencia en el juego le valió incluso una posición heroica.

Un incidente famoso sobre las excepcionales habilidades deportivas de mi padre que crecí escuchando fue cuando disparó al timbre, lo que fue un momento monumental. En aquel entonces estaba en la escuela secundaria y quería asegurar un lugar para su equipo en el campeonato estatal. Durante mis años de escuela secundaria, siempre me dijeron que me parecía a mi padre en los deportes, y ahora también lo hace mi hijo, Sy IV.

El sueño de todo niño es que sus padres le acompañen a sus juegos. Mi amado padre hizo realidad ese sueño. A menudo me acompañaba al baloncesto y jugaba conmigo y mis amigos. Mis amigos lo admiraban profundamente y, al mismo tiempo, también lo adoraban. Era un hombre que podía hacerse un lugar en el corazón de cualquiera.

Además de su pasión por el baloncesto, también era muy conocido en la comunidad como cartero. Era un hombre muy respetado que tenía conexiones con todos. Su bondadoso corazón lo hizo popular y el favorito de casi todos. Cuando era niña me encantaba acompañar a mi padre los sábados a ir a repartir el correo.

Por las mañanas íbamos primero a la oficina de correos. Allí resolvíamos el correo mientras él y yo charlábamos. Luego nos subíamos a su jeep y se iba repartiendo el correo por todos lados.

Fue un momento divertido. Incluso después de años, lo mantengo cerca de mi corazón. Mirando hacia atrás, cuando era niño, fue uno de esos momentos que sentaron las bases de mi sólida relación con él. Cuando tenía alrededor de ocho años, mis padres se pelearon. Ya no podían seguir adelante juntos, por lo que se separaron. Cuando era niño, no entendía lo que estaba pasando. Se me escapó el motivo por el cual mi madre ya no vivía con nosotros. Mi hermana y yo nos mudamos con nuestro padre mientras nuestra madre regresaba a Pittsburgh.

Al crecer, nunca tuve ningún tipo de animosidad contra mi madre. Ella ocupaba un lugar muy especial en nuestros corazones y vidas.

Sin embargo, estaba confundido. No podía entender el concepto de divorcio, pero mi padre era un hombre fuerte y nos abrazó durante todo el proceso y después. Cuando eres niño, a menudo tiendes a culparte por las turbulencias en la vida de tus padres. Cuestionas su amor por ti y el lugar que ocupas en sus vidas. Hay muchos "por qué" que empiezan a rondar tu pequeña mente, pero mi padre era un hombre fuerte. Nos aseguró a mi hermana y a mí, de todas las formas posibles, que no teníamos la culpa. Prestó especial atención a los detalles y se aseguró de que no creciéramos culpándonos de ninguna manera. Él estuvo presente en nuestras vidas en cada paso del camino y, por lo tanto, nuestro vínculo con él nunca flaqueó; permaneció tan fuerte como lo fue en nuestra infancia.

En la vida hay momentos que nunca esperas o al menos esperas no llegar a ver nunca. Una de esas posibilidades por las que oras no afectará tu vida incluso cuando veas que las personas a tu alrededor pasan por ellas. Para mí, fue cuando a mi padre le diagnosticaron cáncer de colon. Mi mundo fue arrancado bajo mis pies. Casi sentí que iba a perder el equilibrio.

Sin embargo, en esos casos complejos, debes permanecer fuerte. Deberías convertirte en un muro sobre el que otros puedan descansar. Cuando a mi padre le diagnosticaron una enfermedad que amenazaba su vida, me recompuse y actué en su nombre. Lo llevaba a sesiones de quimioterapia con regularidad mientras lo esperaba afuera.

Sin duda, fue una época oscura. Esperar siempre es difícil en la vida. Mantiene viva tu esperanza y te fijas en la idea de un sol naciente que iluminará tu vida y te sacará de la oscuridad. En mi caso, esperaba que mi padre lo lograra mientras esperaba en esos pasillos oscuros del hospital. Sin embargo, sabía que mi padre era un hombre de voluntad fuerte e inquebrantable y que lo lograría; Luchó con cada gramo de poder que tenía, y milagrosamente lo hizo. A veces, justo cuando crees que todo ha terminado, que has sobrevivido a la tormenta y has llegado a la orilla, te devuelven al principio. Mi padre estaba en remisión cuando nos dieron la trágica noticia. Recibimos una llamada telefónica de los médicos informándonos que habían detectado tumores en su cerebro, lo que significa que, lamentablemente, el cáncer se había extendido a su cerebro. Decir que fue difícil sería quedarse corto, pero aun así mantuve mi esperanza.

Me di cuenta de la gravedad de la situación cuando escuché al médico conversar con la enfermera sobre mi padre y cómo solo le quedaban seis meses de vida. Fue en la estación de enfermería y el médico no sabía que yo era pariente del paciente. Me tomaron completamente desprevenido. Sabía que estaba enfermo, pero nunca pensé que le quedarían sólo unos días.

Se hizo un recuento regresivo de la vida de mi padre. Era difícil aceptar que su vida ahora pudiera medirse en números. Nunca esperas la muerte de tus seres queridos. Incluso después de que se hayan ido, lleva mucho tiempo llegar a un acuerdo con la realidad más dura de la vida.

Vivía en un apartamento en Ohio. Recuerdo que donde vivía no había ascensores y llegaba tarde a sus citas, así que lo cargué escaleras abajo sobre mi espalda. Se había debilitado y ya no podía navegar, por lo que le asignaron un lugar en la residencia de cuidados personales. Fue uno de los períodos más difíciles de mi vida; Ver el pilar de fuerza que mi padre derrumbó justo frente a mis ojos me devastó por completo.

Entonces ni siquiera tenía la fe que me mantuviera a flote. Poco a poco fui internalizando todo el dolor y alejándome más de la vida. En un momento de 2005, estaba trabajando para el arzobispo sudafricano Desmond Tutu en su equipo de protección, y tenía que estar lejos de mi padre y no sabía cómo hacerlo. Me aterrorizaba que pudiera fallecer mientras yo estaba de servicio porque sus tumores se estaban expandiendo. El hombre fuerte que era mi padre, todavía me hacía ir a trabajar y me aseguró que estaría allí cuando regresara.

Como una roca, aquí estaba allí a mi regreso. Recuerdo que, a finales de septiembre, una vez estaba sentado junto a su cama de hospital, leyendo el periódico local y narrando los resultados de fútbol y béisbol. Era un ritual nuestro y lo disfruté muchísimo porque me sentí más cerca y más conectada con él.

Ese día, mientras leía las partituras, lo miré y, para mi sorpresa, estaba sentado. Estaba encantado porque su estado se estaba deteriorando rápidamente. Al instante, me miró a los ojos y sonrió lentamente. Recuerdo lo que dijo a continuación porque me tomó completamente por sorpresa.

Él dijo: "Sabes, Sy, cuando mueras, deberían exhibir tus ojos en el Smithsonian". En ese momento pensé que su enfermedad había afectado sus habilidades cognitivas, pero me explicó cómo daba por sentado todos mis viajes globales y todos los proyectos de protección de personas influyentes que he manejado.

Enumeró todos los grandes nombres para los que había trabajado, incluido el ex vicepresidente estadounidense Al Gore, el ex presidente ruso Mikhail Gorbachev, el ex secretario de Estado Colin Powell, el arzobispo Tutu y muchos más. También expresó lo sorprendido que estaba de que hubiera viajado a 136 países y lo excepcionalmente afortunado que eso me hace. En ese momento, no me di cuenta de hacia dónde se dirigía y le dije que era solo una parte de mi trabajo. Sin embargo, eso lo descarriló. Me dijo que estaba siendo arrogante y no se daba cuenta de lo afortunada que era; él dijo: "Sy, estás bendecida pero eres demasiado tonta para saberlo". Una cosa que se me quedó grabada fue que dijo que debería hacer una crónica de mis viajes para un libro, y así, mi amado padre plantó una semilla, una semana antes de su muerte, que ahora está germinando.

***

Durante ese tiempo, estaba casado con mi ex esposa, Alicia, y decidimos regresar a Pittsburgh para estar más cerca de la familia. Mi mamá todavía vivía allí y los padres de Alicia también. Los niños pudieron ver a sus abuelos, lo cual fue bueno para ellos. Mi hermana también nos visitaba con frecuencia y desarrolló un vínculo más fuerte con sus sobrinas y sobrinos. Mi padre estaba a sólo una hora en coche, lo que significaba que podíamos localizarlo fácilmente.

Contar con el apoyo de tu familia en momentos difíciles es una verdadera bendición. Pueden identificarse con las experiencias de los demás y navegar a través de la turbulencia con alguien a su lado. No te sientes completamente perdido y sabes que siempre habrá alguien que te levantará cuando empieces a hundirte.

Uno a uno, finalmente llegó el día en que mi padre falleció. Aquel día de 2005 todavía está fresco en mi memoria, como ayer. Lo vi tomar su último aliento justo frente a mis ojos mientras sostenía su mano. Sabía que estaba sufriendo mucho, que estaba sufriendo y que eso sólo lo aliviaría y le traería paz. Sin embargo, deseé con desesperación que hubiera esperado un poco más, sólo un poco más de tiempo. En aquel entonces, no sabía cómo llorar. Quería confiar en alguien y dejarme llevar, pero no sabía cómo hacerlo. Intenté sobrevivir los días posteriores a su muerte ocultando mis sentimientos. Me presenté firmemente y los apoyé sin permitir que nadie me apoyara a cambio. Para afrontar situaciones como estas, siempre se busca un alivio instantáneo. Me puse a beber y a ahogarme en el trabajo. En lugar de sentarme con la pérdida y procesarla, traté de beberla y olvidarla. Estaba pensando de instante en instante y había perdido por completo de vista cuán profundamente me afectaría a largo plazo.

Durante el período de duelo, desarrollé el hábito de llamar al número de teléfono de mi padre. Sabía que nadie respondería, pero en pura desesperación, negación y desesperación, escuchaba su mensaje de voz una y otra vez. El sonido de su voz fue mi único consuelo.

Hay cinco etapas del duelo: negación, ira, negociación, depresión y finalmente aceptación. Estaba en negación y, en lugar de seguir los pasos, me encerré por completo, desarrollando hábitos poco saludables hasta que me encontré en depresión. No tuve consejero, no tuve capellán, y para mí, completamente sola, la aceptación no llegó durante años.

Fue sólo cuando encontré a Cristo que nací de nuevo. Entiendo la inevitable realidad de la vida, es decir, la muerte, y cómo uno siempre debe pensar en ella y aceptarla. Nuestras vidas son meros puntos en este gran cosmos, y el fenómeno de la muerte nos hace humildes para aceptar esta realidad.

Después de la muerte de mi padre, durante el período de mi divorcio, lo entendí mejor como ser humano. Era como si él me hubiera guiado sobre cómo superar los momentos difíciles y nunca soltar a los niños. Cuando el matrimonio termina, ambos cónyuges se encuentran en lugares vulnerables, ocupados consigo mismos. La mayoría de los niños se pierden durante este período. Mi padre nunca nos perdió de vista a mí y a mi hermana. Él atendió todas nuestras necesidades antes que las suyas, y fueron solo sus pasos los que seguí cuando pasé por la misma prueba. Intenté estar ahí para Tasha, Sammie y Sy, de todos modos.

La pérdida tras la muerte de alguien nunca podrá satisfacerse, pero es importante recordar que hay que seguir viviendo. Siempre debes apreciar a los difuntos y celebrarlos a través de sus recuerdos. Incluso como capellán ahora, siempre les digo a las personas que recuerden los buenos recuerdos cuando están en el proceso de duelo y que los utilicen como fortaleza.

Honro a mi padre recordando los momentos divertidos que mi padre y yo pasamos y todas las lecciones que él me enseñó. Los recuerdos simplemente calientan mi corazón. Todo lo que logré en la vida fue porque sabía que él siempre estaba ahí para apoyarme y animarme. Era un hombre extraordinario y un padre brillante. *simplemente amado.*

Capítulo 7: Golpe dos

A veces, la vida te bendice con más de lo que puedes pedir. Fui una persona afortunada ya que tuve la suerte de tener dos pares de padres: mi amado padre, Salli Sy Alli Jr., y mi madre, Joan Ann, pero también tuve a mis suegros, el reverendo Samuel Williams George y Alethia Wilson George. , que eran nada menos que mis padres.

Compartí una relación muy especial con mi suegro. Llamarlo mi suegro no sería justo en nuestra relación porque me trataba como a un hijo. De manera similar, con mi suegra, ella me atendía como si fuera suya. Fue como si el Cielo me hubiera abierto sus puertas y me hubiera bendecido con dos grupos maravillosos de personas a quienes llamar padres.

Mi suegro, papá George, era ministro presbiteriano. Nació en 1922 en Cerdeña, Carolina del Sur, donde creció. Durante los años 30 y 40, crecer en el Sur fue difícil debido a toda la agitación política y la guerra en curso.

En la escuela secundaria, a papá George le gustaban mucho los deportes y era un gran atleta. Jugó fútbol americano universitario en la Universidad Johnson C. Smith y se destacó en eso. Mi hijo Sy heredó genes atléticos de su abuelo materno y paterno, por lo que él también es un atleta excepcional.

Sin embargo, papá George nunca jugó al fútbol profesionalmente, lo que podría deberse a que fue al seminario. Era un hombre cristiano devoto y tenía una forma particular de ver la vida. Sin embargo, era un hombre sumamente tolerante y nunca juzgaba a nadie. Era un verdadero hombre de Dios, y eso se reflejaba plenamente en sus acciones y operaciones diarias. Disfruté inmensamente de su compañía. Además de ser un hombre de códigos y conducta, también tenía un fantástico sentido del humor. Era amable y compasivo. Su hermosa alma era simplemente un tesoro digno de contemplar. Para los más jóvenes, era sin duda un modelo a seguir, mientras que para los mayores, era simplemente una persona excepcional.

***

Conocí a papá George, después de siete años de salir con su hija, mi ex esposa, Alicia. Finalmente había reunido el coraje para ir y pedirles permiso para casarme con su hija. Me sentí intimidado porque él era un ministro muy respetado en Pittsburgh, pero su actitud hacia mí fue extremadamente amable y generosa, y me trató con mucho respeto.

Cuando lo conocí, ya se había retirado de la predicación activa y se había desempeñado como pastor emérito de la Iglesia Presbiteriana Grace Memorial en Pittsburgh. Él era uno de los principales ministros allí y tuve la suerte de presenciarlo predicar varias veces. ¡Qué alegría fue contemplarla!

Observarlo era como observar a un hombre de Dios puro y con principios. A medida que nuestra relación mejoró, finalmente pedí la mano de su hija en matrimonio y me dijeron que sí. A partir de ahí tuve la suerte de poder vivir una hermosa relación paternal con un hombre admirable.

Estos pequeños e intrincados detalles sobre cómo una persona se comporta con los demás son lo que la convierte en un buen ser humano. Era respetado por todos y eso se debía a que extendía la misma cortesía a los demás. Papá George era un hombre muy amable, una verdadera joya. Papá, George y yo pasamos un tiempo increíble juntos. Siempre fue acogedor y siempre encontramos puntos en común.

Él y yo podíamos sentarnos durante horas y ver partidos de fútbol y hablar sobre partidos de fútbol. Su equipo favorito eran los Steelers; él los amaba absolutamente. Además de jugar en Johnson C. Smith, también se había desempeñado como entrenador allí, por lo que ver fútbol con él era un placer, ya que conocía las X y las O del juego.

Era un hombre fuerte y robusto, lo que podría atribuirse en gran medida a su intensa pasión por los deportes. Incluso cuando era mayor, dejaba que mi hijo lo atacara. Mi ex esposa Alicia y yo a menudo expresábamos nuestras preocupaciones y decíamos: "Papá, no dejes que te pegue así", pero él siempre respondía: "Ese chico no me va a lastimar".

En la vida te encuentras con muy pocos hombres como papá George. Era una persona fuerte física, mental y espiritualmente, y eso se podía sentir en la energía que exudaba cuando estaba cerca. Era un hombre que te estrechaba la mano y sabías a quién tenías delante. Conocía ese agarre y siempre recordaré la fuerza de su mano sobre mi hombro.

***

No siempre vivimos en Pittsburgh, pero antes de mudarnos, Alicia era parte de la Iglesia Grace Memorial y, por lo tanto, cuando regresamos, toda nuestra familia pasó a ser parte de la Iglesia. Como papá George era pastor allí, la primera y segunda fila solían estar reservadas para los miembros de la familia; se sentaba allí con su esposa Alicia y nuestros hijos.

Aunque en aquel entonces no tenía una conexión con Cristo, o al menos una que había aceptado, todavía, junto con mis hijos y mi ex esposa, desempeñaba un papel activo en los servicios de la iglesia.

Ahora, mirando hacia atrás, me doy cuenta de que hubo una atracción, una influencia de la Iglesia en mi vida porque incluso entonces, papá George vio algo en mí que yo mismo no podía ver. Él siempre me ofrecería como voluntario para servir como liturgista en la Iglesia, alguien que lee los anuncios y las Escrituras hasta que llega el pastor. Hay un incidente que recuerdo a menudo y me pregunto qué hombre tan profundamente observador era. Era una cena de domingo y estábamos todos sentados juntos cuando me preguntó si alguna vez consideraría ir al seminario. En ese momento casi me atraganté y escupí la comida, y todos, excepto mi suegro, se rieron.

Con cara seria, dijo: "Te he visto cuando te diriges a la iglesia y la gente te responde". Continuó diciéndome que había algo en mi voz que mantendría el mando en la Iglesia y que apreciaba cómo me presentaba en la Iglesia.

Sin embargo, en aquel entonces no lo había tomado en serio. En pocas palabras, fui un tonto y no presté atención. Pero debe haber visto algo desde el principio.

Era un hombre de Dios y casi parecía que lo que estaba hablando era una profecía. En ese momento, nunca pensé que algún día encontraría a Cristo de una manera tan hermosa.

Para mí, papá George era muy parecido a Cristo. Era un ser humano compasivo y amable que era increíble con su familia, sus amigos y todos los que lo rodeaban.

Tanto él como mi suegra se llenaron de alegría cuando nacieron Sy y Sammie. Eran almas hermosas y también aceptaban y amaban a Tasha, mi hija de mi matrimonio anterior, como si fuera suya.

Solían hacer todo lo posible para estar activos y presentes en la vida de sus nietos. Ellos adoraban absolutamente a los niños, ya que venían a ver las actividades deportivas y los partidos de Sy y también asistían a los recitales de piano de Sammie.

En toda mi vida he conocido pocas personas tan bondadosas y amables como ellos. Tanto papá como George y Alethia estuvieron casados durante 57 años y ambos estaban muy orientados hacia Dios. Aprendí mucho de ellos sobre los valores familiares y el cuidado de sus seres queridos. Aprendí de ellos cómo mantener a mi familia en primer lugar porque a mí me faltaba ese aspecto, pero él ciertamente nunca lo hizo.

***

En 2009, papá George falleció, cuatro años después de la muerte de mi padre. Ya estaba en una condición miserable en la que seguía reprimiendo mis emociones y no buscaba ayuda. Su muerte fue un golpe brutal y quedé completamente destrozado y consternado. No sabía cómo expresar mi dolor. No sabía cómo hablar del dolor. Lloré de una manera peculiar y dañina. Afronté la muerte de mi suegro de la misma manera que lo hice con la de mi padre; Me ahogé en el trabajo y seguí bebiendo mucho. El trabajo me distraía de los asuntos familiares y las bebidas me adormecían el alma. Su muerte fue una bomba, y eso es lo que me llevó al límite. Intenté hacer el duelo, pero no sabía cómo hacerlo, así que me distancié cada vez más de todos los que me rodeaban, incluida mi familia. Fue entonces cuando Alicia y yo empezamos a tener problemas, y después de eso solo estuvimos casados unos años.

La aceptación no fue fácil para mí cuando alguno de mis padres murió. Si tengo que señalar, fue cuando me convertí en ministro que pude abordar cosas que entonces no podía. Dado que no hay un período de tiempo establecido para el duelo, no puedes aconsejarle a alguien que supere algo más rápidamente si tú lloras más rápido. Para algunas personas, esto sucede rápidamente; para algunos, lleva tiempo; y para algunos, es posible que la aceptación nunca llegue. Lo importante es comprender y abordar el problema y pedir ayuda.

Mi suegro era un hombre ideal con un gran corazón que siempre estaba ahí para otras personas, por eso lo celebro como el héroe que fue. En His Cross Never Burns, un libro que mi suegra escribió sobre la vida de papá George, escribió sobre su naturaleza valiente y su valor. Siempre lo vi desde una perspectiva heroica, como si fuera un hombre como Martin Luther King y Jesse Jackson. Tenía una naturaleza incondicional y una personalidad firme, lo que se atribuye a que tenía mucho a su nombre. Durante el Movimiento por los Derechos Civiles, participó activamente en Florida. Allí, era un activista comunitario y de derechos civiles, lo que le valió amenazas de bomba y tuvo que mudarse. También fue pastor de iglesias en Carolina del Sur, Fort Lauderdale y Florida. Incluso en Pittsburgh, sirvió como pastor en Grace Memorial durante 20 años.

Toda su vida cumplió al máximo sus deberes como ser humano. Siempre estuvo ahí para las personas y las ayudó con sus necesidades. No pude conmemorarlo como el hombre de Dios que realmente fue durante su vida porque aún no había descubierto mi llamado. Pero ahora que he recorrido un camino similar, alabo la existencia de papá George cada vez que pienso en Dios. Sólo con el tiempo maduramos y nos damos cuenta de las cosas que han pasado.

A menudo pienso en qué relación compartiríamos él y yo si papá George me viera ahora, como ministro, en el camino de Dios. Como mencioné, él no juzgó y nunca desaprobó mi estilo de vida en ese entonces.

Pero el tiempo es verdaderamente el mejor maestro. Él había visto algo en mí que yo mismo no podía ver en ese entonces. Sin embargo, su manera aguda y observadora de ver la vida lo iluminó con una perla de sabiduría incomparable. Cada vez que miro a mi hijo Sy, que es jugador de fútbol profesional, creo que tiene el espíritu de mi padre y de mi padre George en él. Sólo a través de los recuerdos del hermoso tiempo que pasé con él puedo honrar sus recuerdos. Durante su vida, supe lo bendecida que era por conocerlo, pero después de su muerte, realmente me di cuenta: qué fenómeno era el Reverendo Samuel Williams George, y tuve el privilegio y el honor de conocerlo.

Capítulo 8: Nuevos comienzos

En la vida, no es necesario que cada nuevo comienzo venga sólo con buenas noticias. A veces, hay recuerdos del pasado que todavía están alojados en lo más profundo de tu vida y que debes recoger por ti mismo. No les tengas miedo. Puede ser doloroso arrancarlos, pero llevarlos consigo es aún más doloroso.

Antes de divorciarme en septiembre de 2014, mi ex esposa Alicia y yo estuvimos separados durante seis meses. Fue un período difícil en la vida. No sabía qué hacer con mi vida y en qué se había convertido, pero nunca fui alguien que dejaría que el peso sobre sus hombros les impidiera seguir adelante.

Emocionalmente, estaba en un estado y lugar terrible; Mi pareja de toda la vida y yo habíamos decidido separarnos después de tener dos hijos juntos. Decisiones como estas nunca son fáciles. Los divorcios nunca son fáciles, no sólo para las dos personas directamente involucradas sino para todos los que están relacionados con ellas.

Incluso antes de divorciarme, dejé Columbus, Ohio, y me mudé a Denver. Tuve que alejarme de todo. Fue una decisión difícil, pero aun así la tomé. A veces, son estas decisiones que parecen imposibles en el momento las que conducen a puertas nuevas y diferentes en la vida. Siempre debes estar atento a lo que te espera y brindarte espacio para crecer y explorar.

Cuando me fui en junio, estaba lleno de arrepentimientos. Mi hijo era muy pequeño y necesitaba a su padre. Él sólo estaba en octavo grado, mientras que mi hija Sammie iba a la Universidad de Columbia en Chicago. Sin embargo, había una oportunidad esperándome en Denver. Me ofrecieron un puesto de alto perfil como el primer director de seguridad corporativa en la industria del cannabis. El puesto fue como hacer historia para mí.

Tripp Keeber me brindó esta oportunidad única en la vida cuando me llamó y me preguntó si estaría interesado en el trabajo. Él era el director ejecutivo de la empresa, Dixie Brands, en ese momento, pero Tripp y yo nos remontamos a mucho tiempo atrás. Trabajamos juntos en 2000 y 2001. En aquel entonces, él trabajaba para una empresa punto com y estaban haciendo muchos cierres. Fui designado como su agente de protección. A partir de ahí habíamos recorrido un largo camino.

En septiembre volé de regreso a Ohio para continuar con el proceso de divorcio. Mi espacio mental estaba completamente destrozado en ese momento y no tenía idea de lo que estaba haciendo. Simplemente sabía que tenía que alejarme de la situación. Fui al tribunal sin abogado y me golpeó como un camión. Me dejó en una condición terrible; Estaba completamente destruido financieramente.

No sabía hacia dónde dirigirme ni a quién llamar. En aquel entonces yo no era muy religioso, así que me sumergí por completo en la bebida y el trabajo. Mis mecanismos de afrontamiento me mantuvieron a flote hasta que ya no pudieron cuando me puse un arma en la boca. Fue entonces cuando reevalué mi vida por completo.

Sin embargo, las cosas no cambian de la noche a la mañana. Hay largas fases en la vida que tienes que pasar simplemente manteniéndote a flote, yendo hacia donde te lleven las olas. El divorcio tuvo un gran impacto económico en mí. Estaba deprimido, pero el precio que esto tuvo en mi salud física y mental fue incomparable. Mi nuevo trabajo conllevaba muchas responsabilidades y, de una manera que resultó a mi favor, durante los momentos más duros, podía perderme por completo en el trabajo y, durante largas horas, no sabía a dónde se iba el tiempo. Sin embargo, las noches fueron las más duras. Estaba solo; No tenía a nadie en ese momento, ni siquiera a Dios. Solía llorar sin cesar y experimentar crisis emocionales cada dos días.

La vida es dura, pero siempre debes recordar que hay luz al final del túnel. Cometemos errores, aprendemos de ellos y tratamos de convertirnos en mejores personas. Mientras la gente se adhiera a esta idea, podrán ver el sol naciente. Debes saber que nadie puede cambiar el pasado; es el futuro por el que podemos trabajar.

Como director de seguridad corporativa, tuve un papel crucial en la protección de todos los empleados y todos los activos de las instalaciones. Al ocupar una posición tan vital, no podía llevar mis problemas personales al trabajo, así que trabajé todas esas largas horas con cara de valentía y perseveré. No quería que nadie a mi alrededor supiera cuán profunda estaba en la depresión.

Nunca es fácil incorporar sentido y conciencia en las personas, pero como director de seguridad corporativa, era precisamente eso. No sólo tuve que hacer planes de seguridad, sino que también tuve que crear un entorno seguro donde todos los empleados fueran conscientes de la seguridad. Tuve que construir una cultura y una mentalidad corporativas en las que todos priorizaran la seguridad de la misma manera.

Era una responsabilidad gigantesca y sabía que era una cuerda floja. Tenía que estar mentalmente presente para trabajar en estas grandes ideas porque había mucho en juego y tendría que rendir cuentas por ello. Aunque Tripp y yo teníamos una relación muy fuerte e inquebrantable, todavía tenía una tarea crucial que realizar: lograr que los empleados aceptaran el programa de seguridad, y mucho dependía de mí.

Conocí a Dixie Brands, con muchas comodidades y una experiencia muy sólida. Tenía un currículum repleto de logros; Trabajé en varios juegos olímpicos, en reuniones del Banco Mundial y del FMI en Washington D.C. Luego, la experiencia militar y mi activación después del 11 de septiembre. Con tanta experiencia en mi haber, no podía dejar que las bajas se apoderaran de mí.

Sin embargo, eso no quiere decir que pueda poner cara de valiente todo el tiempo. Cuando trataba con los empleados y colegas, milagrosamente dejaba todo a raya y me concentraba en las tareas urgentes que tenía entre manos, pero cuando salía de esas instalaciones y me encontraba solo en mi habitación, me desmoronaba por completo. Hubo momentos en los que me miré al espejo y no me reconocí. – *No sabía quién era*.

En la vida hay lugares donde nos encontramos perdidos, buscando un ancla o algo que nos ayude a identificar quiénes somos, porque inevitablemente se pierde todo lo que nos constituye. Tenía familia, esposa, hijos y un hogar, pero no los tenía. Fue extremadamente doloroso redefinirme y dejar atrás el pasado, pero hay que hacerlo, y así lo hice.

En 2014, se prestó mucha atención a la industria del cannabis en el estado de Colorado cuando se legalizó la marihuana. Mi experiencia del trabajo fue que hubo mucha cobertura mediática. Solo en mis instalaciones, CBS News, CNN, ABC News y muchos otros medios de comunicación entrevistaron a nuestro director ejecutivo, Tripp, y al director de operaciones, Chuck Smith. Cuando llegué allí por primera vez, estaban filmando un programa en CNBC llamado Pot Barons of Colorado, que presentaba a todos estos ejecutivos que se estaban adentrando en la industria del cannabis, y Tripp, mi director ejecutivo, era parte de él. Había cámaras por todas partes de las instalaciones, aunque en ese momento yo no quería estar frente a la cámara. Fue una experiencia nueva, y siempre he creído que hay que abrirse a nuevas experiencias y oportunidades, así que terminé siendo parte de ella.

Disfruté el trabajo y mi relación con los empleados era sólida. Nos respetamos y confiamos mutuamente y, como todos los empleados eran jóvenes, mi oficina era un espacio seguro para ellos si tenían algún tipo de problema. Yo era hermano mayor o padre para muchos de ellos y me confiaban sus problemas.

Entonces, en cierto modo, ya estaba ministrando incluso antes de ser ministro ordenado. Ser mentor es muy parecido a ministrar, excepto por las referencias extraídas de las escrituras bíblicas. Los empleados venían y se desahogaban, y yo les proporcionaba un espacio seguro donde nada saldría por esas puertas, por lo que a menudo venían y lo usaban.

Mi trabajo en Dixie Brands fueron dos de mis mejores años a nivel profesional. Disfruté inmensamente del trabajo y del ambiente. Era un puesto de alto perfil, sin juego de palabras, y tenía sus ventajas. Conocía al gobernador Hickenlooper por su nombre y a todos nos invitaban a su casa para las fiestas de Navidad. De manera similar, el alcalde Michael Hancock de Denver también me conocía por mi nombre. El trabajo era de alto perfil porque mi director ejecutivo, Tripp, disfrutaba de un puesto de gran reputación. Siempre estuvo en todas las noticias y medios de comunicación, y todas las miradas estaban centradas en él en la industria del cannabis en Denver. Pero la vida nunca es simplemente blanca o negra. Siempre está en algún punto intermedio, en la zona gris en la que te encontrarás. Para mí, aunque estaba prosperando profesionalmente, en mi espacio personal, estaba pasando por uno de los peores momentos. Estaba luchando y el dilema para mí era cómo afrontarlo.

Me aterrorizaba la idea de hacérselo saber a alguien, y era agotador mantener a todos alejados y a distancia. Este es uno de los principales problemas de las personas que se deprimen silenciosamente. Intentan esconderse del mundo y asegurarse de que nadie se entere de ellos ni de sus condiciones mentales. Esta lucha constante continúa agotándolos y haciéndolos sentir aún más alienados.

Cuando miro las fotografías de esa época, lo único que veo es un esqueleto. Mi salud física se había deteriorado muchísimo. Yo era sólo piel y huesos. Bajé a 170 libras, y eso es lo más liviano que he estado. Mis chaquetas y trajes solían colgarme.

Solía trabajar probablemente 70 horas a la semana, de lunes a sábado, e incluso después de eso, algunos domingos, entraba y me ponía al día con el correo electrónico. Trabajaba continuamente durante largos períodos para distraerme de mis propios pensamientos. Trabajar en asignaciones de cinco a ocho meses e incluso de un año se había convertido en la norma para mí. Trabajar muchas horas y beber eran mis mecanismos de escape. En retrospectiva, me doy cuenta de que debería haber probado otros canales y haber afrontado la agitación de otra manera, pero en aquel entonces estaba completamente solo y tenía que sobrevivir como pudiera. Mi divorcio había sido turbulento para la familia, especialmente para los niños, y todos estos descubrimientos hicieron que fuera cada vez más difícil pasar los días. No puedo hablar del espacio mental en el que se encontraba mi ex esposa con certeza y convección, pero el mío estaba completamente angustiado.

Incluso entonces, solía volar a Pensilvania porque mi ex esposa, Alicia, y mi hijo, Sy, vivían en Pittsburgh, mi ciudad natal, a donde se habían mudado desde Columbus, Ohio. Solía ir a ver a mi hijo jugar al fútbol y, aunque estaba a 1500 millas de distancia, traté de involucrarme lo más que pude. En aquel entonces estaba en noveno grado y solía jugar para el equipo juvenil. Fue una bendición para mí poder verlo jugar.

Pero vivir con una familia destrozada por las circunstancias es difícil. Solía extrañar a mis hijos y lo que tenía en aquel entonces. No es fácil separarse de sus seres queridos y encontrarse tocando fondo y luego hacerlo solo. Es simplemente una tortura. En aquel entonces, ni siquiera tenía a Dios y su voluntad suprema a la cual aferrarme porque mi fe no era fuerte. No iba a la iglesia con regularidad. En todo mi tiempo en Denver, he ido a la iglesia una o dos veces, tal vez. Con una fe inexistente y una depresión furiosa, estaba destinado a terminar donde terminé el 18 de abril de 2015, con una pistola en la boca, a punto de acabar con todo.

Capítulo 9: Crisis de salud mental

Hay días como el 18 de abril de 2015 que pueden cambiar el rumbo de la vida. Para mí, la depresión era algo que me perseguía en la oscuridad de la noche. Durante los días, permaneció en las sombras, mirándome desde entre los espacios pero nunca enfrentándose a mí al aire libre.

Mis días seguían ocupados y estaba muy involucrado profesionalmente. No dejé que mis problemas de salud mental se extendieran a mi trabajo diario. Era un trabajo de alto perfil y conocía los riesgos. Aunque el trabajo era estresante, simplemente lo disfruté porque fui el primer Director de Seguridad Corporativa en el sector del cannabis.

Las mañanas estuvieron llenas de extensas tareas y apariciones en los medios. Tuve entrevistas con el New York Times e incluso con la revista Security 500. Estuve continuamente involucrado con mis compañeros de trabajo y las autoridades policiales ya que el FBI quería saber más sobre la industria del cannabis.

Pero las noches, sola en casa y sin más compañía que la mía, era cuando luchaba. Fue la parte difícil. No había ninguna actividad en la que pudiera o estuviera participando en ese momento. Ni siquiera estaba haciendo ejercicio; Yo era sólo piel y huesos. Aunque para algunas personas no estaba en mala forma, para mí, considerando que había sido un luchador profesional, realmente me afectó mucho no estar en buena forma.

Poco a poco, los pensamientos se fueron acumulando: el estrés de dejar la lucha libre prematuramente, el estrés del divorcio y la angustia que siguió, dejar atrás a mis hijos y a mi familia y estar en Denver, a 1500 millas de todos. No podía evitar dar vueltas en espiral cada noche. Mi rutina consistía en beber mucho por la noche y luego poner cara de valiente en el trabajo por la mañana. Pero ¿cuánto tiempo podría haber funcionado esto? Y así llegó el fatídico día del 18 de abril.

Había planeado terminar con mi vida durante meses e incluso busqué diferentes lugares potenciales porque no podía hacerlo en mi propia habitación. Mi compañero de cuarto en ese momento tenía un compañero de cuarto que se quitó la vida y yo no quería hacerle pasar por eso. No me atrevía a ser la causa de que volviera a vivir el trauma, por lo que contemplé la posibilidad de alquilar una habitación de hotel.

Sin embargo, y puede que sea egoísta, al final decidí acabar con todo en mi oficina. Entonces, no supe por qué había tomado esta decisión. Aun así, ahora que miro hacia atrás, me doy cuenta de lo traumático que habría sido para todos los presentes si hubiera seguido mi plan. Entonces quiero disculparme con todos en Dixie. Lamento haber pensado alguna vez en algo que los habría afectado a todos de manera importante.

En los primeros meses de 2015, finalmente decidí que era el momento. No tenía miedo en absoluto; Simplemente estaba confundido acerca de dónde y cómo lo haría. Pensé en cómo afectaría a todos y los acontecimientos que lo precipitarían. Pero el peso de todo lo que había sucedido, desde mi carrera de lucha libre hasta perder a mis dos padres y luego divorciarme y quedar devastada financieramente, todo era demasiado pesado y nubló mi juicio. Ya no podía funcionar, así que me dije: "Está bien. Ya no puedo hacer esto. Simplemente no puedo hacerlo y estaría mejor muerto". Pensé que estaría mejor si ya no estuviera aquí, y para eso trabajé. Sucedió un sábado y entré a la oficina como cualquier otro día. Por lo general, cuando me relacionaba con todos en la oficina, me ponía una bata y un gorro de chef y iba a la cocina. Solíamos fabricar chocolates con infusión de cannabis y yo entraba e intentaba hacer chocolates con todos.

Eso sí, a la hora de cocinar yo no era un profesional, por lo que los chocolates nunca salían bien. Luego, el personal me echaba en broma y me decía que era mejor protegiendo y que no me necesitaban en la cocina. Todo esto se hizo entre diversión y juegos, ya que todos éramos muy amigables y cómodos entre nosotros. Todos nos reiríamos mientras yo les hacía pasar un mal rato.

Del mismo modo, también quería que el sábado fuera lo más normal posible. No quería que ningún empleado pensara que algo andaba mal conmigo. Entonces caminé e hice todo como lo hacía todos los sábados. Me aseguré de que supieran que yo estaba allí para apoyarlos y en caso de que alguien quisiera venir a hablar conmigo a mi oficina.

Aunque hacía que todo pareciera normal en la superficie, en el fondo nada estaba bien porque ese día marcaría el último día de mi vida en esta tierra. Y cuando todos se fueron y me despedí de todos los empleados, me aseguré de que las instalaciones estuvieran seguras y fui a mi oficina. Mi oficina era el lugar más seguro de todas las instalaciones. Tenía cámaras por todas partes y no podía caer ni una sola hoja, algo que yo no habría sabido. Solo en mi oficina, saqué como un galón de vodka de primera.

Pero, de repente, mirando la botella, me di cuenta de que no la bebería. No necesitaba el licor para ayudarme a superar esto; Tuve el coraje suficiente para dar el paso por mi cuenta. Rara vez tenía una bala en la recámara, a diferencia de otros agentes del orden que siempre tenían una bala encima. Aunque siempre tuve mi Glock 19 en mi cadera como una parte del cuerpo, nunca me sentí cómodo con la idea de disparar todo el tiempo. Sólo puse uno si percibía una amenaza genuina y necesitaba protegerme de los demás, lo que sólo sucedió dos veces en mi carrera.

En mi oficina, me conecté a la recámara, luego me recosté y me puse el arma en la boca. Todo quedó estático por un momento; aunque la música era música, se podía escuchar el ligero zumbido de todas las cámaras funcionando y del sistema HVAC. Lentamente, apreté el gatillo, marcándolo como mi último acto, y después de eso, todo se volvió oscuro.

***

En esa oscuridad, inicialmente pensé que lo había hecho yo, que había apretado el gatillo. Me sorprendió no sentir nada. Traté de entender mi situación y mi entorno y pensé que tal vez esta era la primera etapa de la muerte. Pero todo estaba completamente quieto y en silencio –sin luces, música ni cámaras- y entonces lo sentí. Fue una sensación extraña que recorrió mi columna. Sentí que se me erizaba el vello de los brazos y una especie de carga eléctrica me atravesó.

La experiencia espiritual es bastante difícil de expresar con palabras, pero casi se sintió como si me hubiera caído un rayo. Una vez, cuando era niño, jugaba béisbol con mis amigos y un rayo cayó en la cerca del jardín. Todos habían sentido una carga eléctrica. Afortunadamente para nosotros, nadie resultó herido. Pero, en ese momento, colgando entre la vida y la muerte, sentí nuevamente esa carga, y creo que fue la manera en que Dios me dijo que Él está conmigo. Estaba completamente nerviosa y no podía sentir nada, pero había una fuerte sensación de la presencia de alguien. No sé cuál es la mejor manera de explicarlo, pero sentí que no estaba sola, que había dos personas conmigo allí. Y, aunque no podía verlos, sí podía olerlos; su olor familiar me saludó desde todos los lados.

Las familiares ráfagas de aire me hicieron darme cuenta de que no estaba solo allí; mi papá y mi suegro, papá George, estaban allí en ese espacio, en algún lugar entre la vida y la muerte. Aunque su presencia escapaba a mi vista, podía sentir sus seres individuales a mi alrededor.

Un bajo murmullo de voces llegaba continuamente a mis oídos. En esa prisa borrosa, todo lo que pude distinguir fue que mi papá estaba arrodillado a mi lado izquierdo. Y pude sentir una mano fuerte y familiar en mi hombro derecho; era mi suegro.

Todo lo que pude entender de los murmullos bajos fue que mi papá estaba bastante molesto mientras papá George intentaba calmar la situación. Escuché su voz; él dijo: "Hijo, ¿te das cuenta de lo que vas a dejar a tu paso?"

Tan pronto como dijo esas palabras, una vieja pantalla de proyección apareció frente a mí y toda mi vida pasó ante mis ojos. Podía escuchar los carretes mientras mostraban mi vida: el nacimiento de mis hijos, mi carrera en el ejército, mi época como luchador profesional, la pérdida de miembros de mi familia y cualquier otro momento emotivo. Vi todo, pero justo cuando esperaba que todo terminara, me mostró en la oficina, quitándome la vida. Vi mientras me disparaba, la sangre salpicó por todas partes. Estaba contra la pared y vi cómo mi cuerpo se desplomaba. La sangre goteó sobre los gabinetes de mi oficina, y tanto mi padre como mi suegro me preguntaron si eso era lo que realmente quería. Apenas pude pronunciar las palabras, pero dije que no. Yo no quería esto; ser espectador de mi propia muerte fue una experiencia que nunca podría comprender por mí mismo. Fue una experiencia de otro mundo y siempre la recordaré.

Tan pronto como dije que no, se encendieron las luces de la habitación, las 80 cámaras de la habitación cobraron vida una a una y luego empezó a sonar la música. Fue una canción que nunca olvidaré. Incluso he titulado este libro con el nombre de la canción Out of the Storm de la banda Incognito, que tiene a un muy buen amigo mío, Bluey, como líder de la banda.

Esa noche, regresé a mi condominio en Denver y me senté allí completamente perplejo. No sabía cómo comprender lo que acababa de pasar. Seguí hurgando en mi cerebro, pensando si me estaba tropezando, pero ese día no había consumido drogas ni alcohol y ni siquiera estaba exhausto. Entonces, tampoco pudo haber sido un sueño o una alucinación lo que había experimentado.

Llevé este incidente conmigo durante cinco años. No sabía cómo entenderlo; Ni siquiera sabía cómo expresarlo y a quién expresarlo. Simplemente pensé que sería mejor si lo hubiera olvidado. Guarda esto y nunca lo vuelvas a visitar. En ese momento no me di cuenta de que era una intervención divina; Simplemente pensé que era algo peculiar y no podía darle un nombre propio. Y, como yo mismo no podía entenderlo, dudé en compartirlo con nadie. Temía que la gente pensara que simplemente estaba loco. Todo el fenómeno era inexplicable. No vi a mi papá ni a mi suegro, pero su olor me hizo darme cuenta de quién era yo en ese estado. Tiendes a reconocer las voces y los olores de las personas que te rodean, lo que también me indica su presencia. Aunque no podía verlos, sabía que estaban allí tratando de ayudarme, y esa ayuda fue enviada por Dios.

En ese momento, no entendí el significado detrás de esto, pero cuando dejé de beber en el noroeste del Pacífico, Dios finalmente se reveló a mí, y solo entonces entendí todo. Era 2020; Habían pasado cinco años cuando pude leer el milagro tal como era. No recurrí inmediatamente a Dios, lo que a la gente le puede parecer extraño, pero todo el mundo tiene tiempo cuando regresa al Señor.

Aunque no cambié completamente de opinión, me fui con algo, total y absolutamente seguro: nunca volvería a intentar quitarme la vida.

Capítulo 10: Reinvención

El día que dejé de apretar el gatillo fue el día en que supe, sin lugar a dudas, que nunca volvería a cruzar esa línea. El abismo me devolvía la mirada y había decidido que no quería sumergirme en él. La parte difícil aún no había terminado.

Alejarme de ese momento no significó que de repente estuviera bien. La oscuridad que había sido mi constante compañera todavía estaba allí. ¡La depresión permaneció! No sabía cómo superarlo, pero sabía que tenía que seguir caminando.

La verdad es que no abordé mi depresión después de ese día. No tenía un gran plan de recuperación. Simplemente sabía que tenía que encontrar una manera de existir. La reinvención, como aprendí, no se trata de transformarse de la noche a la mañana. Se trata de encontrar una razón para seguir adelante, incluso cuando no sabes cuál es esa razón. Se trata de aprender a vivir con las sombras sin dejar que te consuman. No abordé la depresión, no al principio. Pero di ese primer paso para alejarme del límite y eso fue lo que marcó la diferencia.

Un nombre que no puedo olvidar en esta lucha de mi vida fue el de Alex Golston. Apenas dos semanas después de mi suicidio, una conversación con él creó toda la diferencia que necesitaba. Pero primero déjame contarte cómo nos conocimos. Esta fue otra historia interesante.

Cuando llegué a Dixie, la sede corporativa aún estaba en construcción. Entonces, nuestras oficinas eran un par de remolques instalados en el lugar. Fue una operación improvisada y la seguridad ya era una preocupación, especialmente después de que alguien irrumpió en los remolques aproximadamente una semana antes de que yo llegara. Dado el estado de las cosas, necesitaba ayuda, alguien confiable, experimentado y que no tuviera miedo de adentrarse en territorio incierto. Fue entonces cuando me presentaron a Alex. Lo llamé cuando todavía estaba en la costa este, antes incluso de poner un pie en Denver. Vino muy recomendado, así que me acerqué y aceptó manejar la situación del robo. Esa fue la primera vez que escuché su voz y parecía profesional, tranquilo y eficiente.

Cuando finalmente llegué a Denver y lo conocí en persona, me sorprendió. Con un nombre como "Alex Golston", no esperaba un hombre afroamericano grande y musculoso que parecía pertenecer al set de una película. Llenó la puerta del remolque, elevándose sobre mí con una presencia que era a la vez intimidante y acogedora. Su voz era profunda, pero tenía un comportamiento amistoso, lo que me tranquilizó casi de inmediato. Parecía un dios griego.

Alex era un ex oficial SWAT y me di cuenta de que sabía lo que estaba haciendo. Fue un alivio porque la industria del cannabis en ese momento era un negocio que requería mucho dinero en efectivo. Las leyes federales nos impedían tener cuentas bancarias tradicionales, por lo que todo el efectivo que recaudábamos debíamos depositarlo en cajeros automáticos. Era una configuración arriesgada y solo había dos cajeros automáticos del Bank of America en toda la ciudad, sin sucursales físicas. Esto hacía que cada depósito en efectivo fuera un riesgo potencial para la seguridad, pero Alex intervino y se encargó de ello por nosotros. Él y otro policía retirado de Denver manejaron todos nuestros depósitos, asegurándose de que todo se hiciera de manera segura y discreta. Me quité un gran peso de encima, sabiendo que podía confiar en él para manejar el efectivo sin ningún problema. A pesar de su tamaño y fuerza, Alex no era sólo músculo sino que tenía un cerebro a la altura. Su experiencia en SWAT le dio una perspectiva única sobre la seguridad y siempre estaba un paso por delante, anticipando lo que podría salir mal y planificando en consecuencia. Esto lo hizo invaluable para mí, especialmente en una industria donde había mucho en juego y las reglas cambiaban constantemente.

Con el tiempo, Alex se convirtió en algo más que un simple consultor de seguridad. Era alguien a quien podía recurrir en busca de orientación. Era fácil hablar con él y tenía un gran sentido del humor, y a menudo compartía historias. Tenía esta manera de hacerte sentir que todo estaría bien, sin importar cuán caóticas parecieran las cosas.

La relación que construí con Alex fue más que solo negocios. Era un amigo, alguien con quien podía contar para que me respaldara cuando las cosas se pusieron difíciles. Por eso me apoyé profundamente en Alex.

Entonces, dos semanas después de mi momento más oscuro, mi amigo Alex llamó. Fue una llamada simple, nada dramático, simplemente lo de siempre. Pero esa llamada resultaría ser uno de los momentos críticos en mi regreso a la vida. Recuerdo que Alex era alguien con quien sentías que estabas más seguro. Una persona que parecía capaz de manejar cualquier situación que se le presentara. Cuando se acercó, tuvo una idea con la que necesitaba ayuda.

"Oye, Sy, ¿tienes algún contacto en África?" preguntó. Por suerte, de hecho, tuve mucho. Un buen amigo mío dirigía una empresa de seguridad en Sudáfrica, con oficinas en todo el continente. Alex quería ayuda en los negocios, así que acepté hacer la conexión.

Después de preparar la presentación, Alex volvió a mí con una solicitud. Dijo que iba a viajar a Sudáfrica y quería que lo acompañara. Dijo que pensaba que tendría más sentido si yo estuviera allí como él para encontrarse con mi amigo. De hecho, tenía sentido que contar con alguien familiarizado con el trabajo para cerrar esa brecha fuera una buena idea.

Entonces dije que sí y reservamos nuestros boletos. Fue la primera vez en mucho tiempo que sentí una chispa de emoción. Pero no fue hasta que las ruedas de nuestro avión abandonaron la pista en Denver que sentí que algo cambiaba. Fue como si me hubieran quitado un peso de encima y una repentina sensación de alivio que no podía explicar del todo. Estaba de nuevo en el aire, haciendo lo que siempre me había gustado. ¡De viaje!

El viaje a Sudáfrica fue largo desde Denver a Los Ángeles, luego de LAX a Abu Dhabi, y luego de Abu Dhabi a

Johannesburgo, y finalmente de Johannesburgo a Ciudad del Cabo. Alex y yo tuvimos mucho tiempo para hablar durante el camino. Hablamos de negocios, de la vida y de todo lo demás. Él sabía que yo había pasado por mucho debido al estrés laboral y mi divorcio. Sin embargo, él no sabía el alcance total de lo que había estado luchando. No le había contado sobre el intento de suicidio y no tenía ningún plan para hacerlo.

Pero Alex sabía que algo andaba terriblemente mal. Durante nuestra conversación durante toda esta gira, se volvió hacia mí y me dijo: "Sy, sé que eres un luchador profesional. He visto algunas de tus fotos. Deberías volver al gimnasio". No fue una sugerencia torpe sino simplemente un comentario casual. Pero tocó una fibra sensible.

Alex era un tipo grande, de aproximadamente 6'5" y 250 libras, con una sólida pared de músculos. Era un ávido levantador y tenía ese físico que te hacía pensar dos veces antes de cruzarlo. Su sugerencia vino de un buen lugar. De un Amigo que se preocupaba y quería ayudar. No sabía que yo estaba luchando contra la depresión, pero sabía que estaba luchando. Volver al gimnasio parecía un paso simple y tangible que podía dar. Cuanto más hablaba de ello, más. Me di cuenta de que tenía razón. Necesitaba algo en lo que concentrarme, algo que me sacara de la tristeza. La idea de volver al gimnasio, volver a estar en forma y desarrollar fuerza se sentía como un salvavidas. estar en buena forma física, pero se trataba de encontrar una manera de comenzar a sanar y comenzar a sentirme como yo mismo nuevamente. Por lo tanto, también fue una elevación mental.

Cuando finalmente aterrizamos en Ciudad del Cabo, ya estaba pensando en cómo podría hacer que esto funcionara. Así pues, el viaje a Ciudad del Cabo fue más que un simple viaje de negocios. Fue el comienzo de un nuevo capítulo. Un punto de inflexión que necesitaba desesperadamente. Fue la simple sugerencia de Alex, su aliento, lo que plantó la semilla de la esperanza. Volver al gimnasio se convirtió en mi forma de recuperar el control y encontrar un camino a seguir. Poco a poco, empezó a funcionar. Físicamente comencé a sentirme más fuerte. Mentalmente comencé a verme nuevamente en el espejo como la persona que solía ser. Puede que Alex no se diera cuenta en ese momento, pero su sugerencia de volver al gimnasio fue el primer paso hacia mi curación. Realmente le doy el crédito por mi transformación física. Jugó un papel decisivo al guiarme nuevamente hacia el fitness, sugiriéndome qué gimnasio debería visitar en Aurora, Colorado.

El gimnasio era un lugar donde podía empezar a reconstruir mi fuerza corporal mientras trabajaba lentamente en mi salud mental. Aunque sabía que encontrar un gimnasio no solucionaría mágicamente mi depresión, fue un paso en la dirección correcta. Cargué con esa carga durante otros cinco años, pero al menos tenía algo positivo en qué concentrarme. Alex no sólo me ayudó con el lado físico de las cosas. Él también estuvo ahí para mí a nivel personal. Salíamos a tomar unas cervezas y hablábamos de todo, desde el trabajo hasta la vida en general. Esas noches fueron un alivio y una oportunidad para soltarme y divertirme. Alex tenía una manera de hacer que las cosas parecieran menos desalentadoras, incluso cuando mi trabajo en Dixie no era nada fácil.

En Dixie, yo era director de seguridad corporativa, lo que significaba que era responsable de todo, desde salvaguardar las instalaciones hasta manejar el flujo de caja. La industria del cannabis estaba en auge, pero presentaba sus propios desafíos. Alex fue de gran ayuda en ese sentido. No sólo se encargó de los depósitos en efectivo sino que también me asesoró sobre medidas de seguridad. Yo trabajaba unipersonal y trataba de mantener todo en orden en Dixie, y el apoyo de Alex fue invaluable. Intervino donde lo necesitaba, ya fuera manejando dinero o configurando sistemas de seguridad. Mirando hacia atrás, me doy cuenta de lo crucial que fue Alex durante ese tiempo. Era más que un consultor. Era un socio, alguien en quien podía confiar sin lugar a dudas. Me dio el empujón que necesitaba para regresar, lo que me inició en un viaje de recuperación física y mental.

Alex podría restar importancia a su papel y decir que yo mismo hice todo el trabajo, pero él fue el catalizador del cambio. Plantó las semillas de la esperanza y me animó a seguir adelante. Sin él, no sé si habría encontrado fuerzas para seguir.

***

Continué trabajando en Dexter Branch por un año más. Entonces decidí que era hora de un cambio. Me mudé del centro de Denver a Aurora, Colorado, donde encontré Colorado Pro

Gimnasia. Era un lugar grande lleno de culturistas, levantadores de pesas y levantadores de pesas, todos tirando hierro. El ambiente era acogedor y me sentí como en casa desde el momento en que entré. La gente allí era genuina y, aunque todavía no era un cliente habitual, me di cuenta de que apreciaban a todos.

Fue un lento proceso de reconstrucción. La depresión no desapareció simplemente porque encontré un nuevo gimnasio o me mudé a una nueva ciudad. Sin embargo, seguí trabajando en mí mismo, intentando sacar lo mejor de cada día. Pero no fue hasta que dejé de beber el 1 de marzo de 2020 que comencé a aceptar verdaderamente el cambio. Me tomó cinco años llegar a ese punto. Cinco años de lucha, de intentar recomponerme poco a poco. Y, sin embargo, a pesar de todos los altibajos, hubo una constante: nunca volví a pensar en el suicidio. Esa fue la conclusión más importante de ese día cuando salí de mi oficina sin mirar atrás. No me di cuenta en ese momento, pero fue un encuentro espiritual. No era religioso y en aquel entonces no tenía suficiente fe para comprender que Dios podría haber intervenido en mi favor. No fue hasta mucho después, después de que dejé de beber y comencé a reevaluar mi vida, que vi la verdad de lo que había sucedido. Pero ni siquiera entonces quería explorarlo. Quería enterrar ese recuerdo tan profundamente en mi alma que no tuviera que volver a pensar en ello.

Pero Dios tiene una manera de llegar a ti, incluso cuando no lo estás buscando. Cuando dejé de beber en 2020, fue como si todo lo que había intentado enterrar saliera a la superficie. Me obligó a afrontar el aspecto espiritual de mi encuentro, a aceptar finalmente que algo más allá de mi comprensión había sucedido. No estaba lista para explorarlo por completo, pero sabía que no podía ignorarlo más. Fue frustrante no poder explicar lo que había sucedido. Era analítico por naturaleza, siempre intentaba pensar las cosas, y esto era algo que no podía entender. Pero tal vez ese fuera el punto. Tal vez necesitaba dejar de intentar controlarlo todo y dejarlo ir. Quizás fue la forma en que la naturaleza me dijo que confiara en que las cosas saldrían bien. Fue una lección difícil, pero necesitaba aprenderla.

Capítulo 11: Juegos Olímpicos (2016)

Mis aventuras en los Juegos Olímpicos no fueron tan retorcidas ni tan difíciles. Trabajé en varios Juegos Olímpicos antes de trabajar en Beijing en 2008. Proporcioné evaluaciones de amenazas e informes de inteligencia para muchos eventos. Estos incluían informes de inteligencia para Sydney en 2000 y Atenas en 2004. Sin embargo, mi experiencia en la industria de la seguridad fue otra razón para asistir a los Juegos Olímpicos en 2016. Mi reputación en la industria de la seguridad era sólida. Se basó en años de experiencia y talento para manejar situaciones de alta presión.

Y así me fui a los Juegos Olímpicos.

Dejar mi pasión y participar en los Juegos Olímpicos fue una tarea fácil. A pesar de mi amor por Dixie y el trabajo que estábamos haciendo, sabía que era hora de un cambio. Entonces, después de mi segundo año, tomé la difícil decisión de dejar mi puesto. Fue un desafío en el sentido de que me había volcado con todo mi corazón en la empresa. Formar un equipo y dar forma a los protocolos de seguridad que mantendrían segura la empresa fue todo lo que hice durante un tiempo considerable.

Ya había decidido dejar Dixie si ni siquiera hubiera trabajado en los Juegos Olímpicos. Después de aceptar trabajar como director de seguridad corporativa de Dixie Brands durante uno o dos años, renuncié durante el segundo año.

Teniendo en cuenta el tiempo que pasé en Dixie, no podía despedirme sin buscar una alternativa. Tenía fe en el equipo que había construido. Pero alguien necesitaba ocupar mi lugar. Así que contraté a mi sustituto, Colin Daugherty. Me sentí cómodo dejando esa posición en sus manos. Apenas dos días después de dejar Dixie, recibí una llamada que cambiaría todo. Dos días después de que renuncié a Dixie Brands, y mientras me relajaba junto a la piscina de mi condominio en Aurora, recibí una llamada inesperada de una empresa de seguridad con sede en D.C. Era una empresa en Washington que me preguntaba si podía responder rápidamente a una situación en Río. Tenían un vicepresidente que estaba pasando apuros y necesitaban a alguien con mi experiencia para ayudar a arreglar las cosas.

Me preguntaron si podría enviarme rápidamente a Río de Janeiro para ayudar al personal que estaba trabajando en los Juegos de Verano de Río 2016. Dijeron que al vicepresidente en el terreno le estaban lanzando muchas cosas y que podría estar en el "extremo profundo", lo que significa que el programa estaba fallando. Era una perspectiva desalentadora entrar en una situación de la que no sabía nada. Pero no pude resistir el desafío. Además, tuve mi experiencia en los Juegos de Verano de Beijing en China y Hong Kong en 2008. Por lo tanto, pensé que no podría ser muy diferente.

Hice las maletas y abordé un avión a Río, lista para afrontar lo que me esperaba. Ya era hora de emprender una nueva empresa que finalmente me llevó al corazón de los Juegos Olímpicos. Cuando abordé ese avión hacia Río, sentí emoción y temor al mismo tiempo. El futuro era un camino borroso para mí y, sin saber en qué me estaba metiendo, estaba lista para aceptar cualquier desafío que se me presentara. Estaba entrando en una situación realmente mala y no lo sabía en ese momento.

Al llegar a Río, me vi impulsado a una rápida actividad. La empresa con la que trabajaba necesitaba que comenzara a trabajar y no había tiempo que perder. Me reuní con el vicepresidente en apuros y rápidamente quedó claro que la situación era terrible. A pesar de sus mejores esfuerzos, las cosas se habían salido de control. Necesitaban a alguien con una nueva perspectiva que los ayudara a retomar el rumbo. Fue una tarea desafiante, pero estaba decidido a marcar la diferencia.

Cuando llegué por primera vez a Denver para ocupar un puesto en la industria del cannabis, enfrenté el escepticismo y el desdén de muchos de mis colegas de la industria de la seguridad. Consideraron mi decisión como un paso en falso. Pensaron que era una medida que empañaría mi reputación y me tildarían de "bienes dañados". Durante un tiempo, me sentí solo en una industria que todavía era nueva para mí y estaba estigmatizada e incomprendida.

Pero a medida que pasó el tiempo, comencé a atraer atención positiva por mi trabajo en el ámbito del cannabis y mi transformación personal. La gente empezó a darse cuenta del impacto que estaba provocando y reconsideró sus juicios iniciales. Poco a poco, me gané su respeto y demostré que mi decisión de trabajar en el cannabis no sólo fue buena sino necesaria.

Sin embargo, cuando pasé a trabajar en los Juegos Olímpicos, rápidamente me di cuenta de que me había metido en un avispero. Aunque fue un gran problema considerando que era para los Juegos Olímpicos, que es sin duda el segundo deporte más visto después de la Copa del Mundo, y fue como una timonera para mí, estaba bajo una carga. La empresa que me contrató no me había informado de los problemas que se estaban gestando en Río, dejándome desprevenido para la magnitud de la situación. El ejecutivo que me contrataron para ayudar se había distanciado de los lugareños y se había ganado enemigos en el camino. Su falta de respeto por la cultura brasileña había causado graves daños a la reputación de la empresa y a sus relaciones en la comunidad. Era una situación delicada y sabía que tenía mucho trabajo por delante. No pude evitar sentirme frustrado por la falta de preparación por parte de la empresa mientras me lanzaba a la tarea de reparar el daño y reconstruir la confianza con los lugareños. Me habían puesto en una posición difícil, esperando que yo limpiara un desastre sobre el cual no me habían informado adecuadamente.

Sin embargo, aprovechando mis fortalezas en la construcción de relaciones y la diplomacia, trabajé incansablemente para arreglar las cosas. Intenté restablecer la posición de la empresa en Río. Fue una tarea desconcertante e hice todo lo que pude para manejar la situación.

Si bien es posible que no haya podido deshacer todo el daño que se había causado, me consoló saber que había hecho todo lo que estaba en mi poder para enmendar y arreglar las cosas. Sin embargo, en medio de la inquietud de mi trabajo y la emoción de estar en Río, hubo una lucha contra el alcohol de la que no podía librarme. Aunque había hecho todo lo posible por dejar atrás los pensamientos suicidas, encontré consuelo en la bebida. Este hábito que había estado conmigo durante años se volvió particularmente pesado durante mi estancia en Denver y el noroeste del Pacífico.

Incluso cuando iba al gimnasio y trabajaba para mejorar mi salud física, la bebida persistía. Era una muleta en la que me apoyaba todos los días. Era una manera de adormecer el dolor y ahogar el ruido de mis pensamientos. Pero en lugar de aliviar la carga, sólo sirvió para amplificar mis luchas. Pasó factura en mis articulaciones y en mi bienestar general. Para las personas que no pudieron verlo, todavía estaba trabajando, saliendo con amigos y disfrutando de la alegría que trae la vida. Sin embargo, mi corazón interior se ahogó en el charco de alcohol. Y en consecuencia, la parte de beber nunca disminuyó. Continuó ampliándose hasta 2020.

***

Mientras deambulaba por las calles de Río, empapándome de las vistas y los sonidos de la vibrante ciudad, me topé con un gimnasio cerca de mi condominio en la playa de Copacabana. Fue un golpe de suerte que encontré esta joya escondida en una ciudad animada como esta. ¡Estaba caminando y encontré este gimnasio! No recuerdo el nombre, pero era un establecimiento sencillo. Su atmósfera obrera significaba que no era para personas muy alejadas de la elegante cita del lugar.

Al entrar, fui recibido por la visión de culturistas incondicionales bombeando hierro y sudando en este espacio. Su devoción era palpable y no pude evitar sentir admiración por su compromiso con su oficio. Mientras recorría el gimnasio, los clientes habituales me miraban con curiosidad. Se preguntaban quién sería ese extranjero que deambulaba entre ellos. Algunos especularon que podría ser una celebridad estadounidense que visitara Río para los Juegos Olímpicos, atraída por el encanto y la alegría de la ciudad. Pero rápidamente disipé sus conceptos erróneos. ¡Fue difícil para mí conversar con ellos, ya que ni su inglés ni mi portugués dominaban el idioma! Entonces hicimos gestos físicos y con las manos para comunicarnos.

Sin embargo, rápidamente encontré puntos en común con los lugareños a través de mis clientes. Siempre me proporcionaron entradas para varios eventos y decidí compartir la riqueza con mis nuevos compañeros de gimnasio. Así, comencé a repartir billetes como un ritual diario y pronto me convertí en una cara familiar. La unida comunidad de culturistas me recibió con los brazos abiertos. Al principio incluso intentaron darme algo de dinero a cambio de las entradas. Sin embargo, mi intención era sólo hacerme amigo de ellos. Así, les expliqué que era sólo un símbolo de extender mi mano en señal de amistad. Posteriormente me volví bastante amigable con algunos culturistas, y ellos también se interesaron por mí. Hicimos lo mejor que pudimos para conversar, pero fue difícil debido a la barrera del idioma. Pero recuerdo que tal vez había una persona en ese gimnasio que hablaba inglés entrecortado. Sirvió como una especie de traductor. Fue a través de él que aclaré que no era una celebridad, sino que simplemente estaba trabajando en los Juegos Olímpicos.

Después de toda esta aclaración y mi gesto de entregar mis entradas gratis, los socios del gimnasio empezaron a confiar en mí. De hecho, de esa manera me convertí en un caballero bastante famoso. Incluso les gustó el hecho de que yo estuviera en excelente forma. Quiero decir, no es sorprendente que me encontraran guapo, considerando que al principio pensaban en mí como un actor. Estoy bromeando, por supuesto. Recibí su cumplido con total gratitud. Realmente no me creyeron hasta que les dije que, de hecho, estaba viviendo en un condominio directamente en la playa de Copacabana y que el gimnasio estaba a solo una cuadra o dos de mi condominio.

Mientras me sumergía en el brío de Río, me dedicaba a hacer ejercicio en el gimnasio de la playa de Copacabana. Comencé a sufrir una notable transformación física. El compromiso que hice conmigo mismo y con mis objetivos de acondicionamiento físico fue firme, y no pasó mucho tiempo antes de que los resultados comenzaran a verse.

Un día, durante otro paseo mío por las calles de Río, me crucé con un colega de una empresa de seguridad a quien había consultado previamente en Washington, DC. Su sorpresa fue evidente cuando exclamó: "¡Sy! ¡Sy!" Casi no había logrado reconocerme con un cambio tan significativo en mi apariencia. La sorpresa en su voz era clara. De hecho, perdí algo de peso y gané masa muscular. Reconciliarme con mi amigo fue refrescante. Comenzó diciéndome lo diferente que me veía, y así lo hice. En consecuencia, tuvimos una gran conversación. Estaba allí porque también tenían una huella en los Juegos Olímpicos. Había muchas empresas de Estados Unidos que trabajaban allí gracias a los clientes. Empresas como McDonald's y AMEX y otras empresas corporativas que anunciábamos para los Juegos Olímpicos. Por lo tanto, había muchos ejecutivos de seguridad estadounidenses trabajando allí, incluidos nosotros.

Gracias a mis rigurosos ejercicios y la dedicación a mi bienestar físico, volví a estar en forma. Estaba orgulloso del progreso que había logrado. La reacción de mi colega no fue infrecuente. Muchos amigos y conocidos que no me habían visto en años quedaron desconcertados por mi transformación. Se maravillaron de lo diferente que me veía y de lo mucho más saludable y vibrante que parecía. Pero para mí, la transformación física fue más allá de la mera estética. Se trataba de recuperar el control sobre mi cuerpo y mi salud. También se trataba de sentirme fuerte y segura de mí misma. Mientras seguía esforzándome en el gimnasio, podía sentir que mi autoestima crecía cada día que pasaba. Por supuesto, el proceso no estuvo exento de dificultades. Fue durante mis intensos entrenamientos en Río cuando sufrí una lesión en el hombro que me reventó el manguito rotador.

Fue un revés, sin duda, pero pronto estuve levantado y listo para estar en el ámbito físico. Incluso antes de curarme, seguí comprometido con mis entrenamientos. Adapté mi rutina para adaptarme a mi hombro en curación. Incluso me encontré con algunos amigos que se sorprendieron por mi tamaño cuando fui a los Juegos Olímpicos. Recibía buenos comentarios de ellos como: "¡Hombre, oh! Te ves fantástico. Así que sigue haciendo lo que sea que estés haciendo. Así es como un pequeño gimnasio en Río cambió mi vida para siempre".

Capítulo 12: El Príncipe de Puyallup

No tenía planes para el noroeste del Pacífico ni para ningún otro lugar cuando regresé de Brasil al final de los Juegos Olímpicos a fines de agosto. Mi plan inicial después de dejar Dixie Brands era convertirme en orador y compartir mis conocimientos sobre mi trabajo en la industria del cannabis. Pero antes de que pudiera comenzar con ese nuevo proyecto, me pidieron que me uniera a unas vacaciones muy necesarias que se me presentaron.

Mi amigo Ed Elinan y su familia me extendieron una invitación para unirme a ellos en un viaje a Perú. La idea de escaparme y pasar algún tiempo con amigos cercanos era exactamente lo que necesitaba después de la intensidad de mi trabajo.

Además, mi primera relación posterior al divorcio ocurrió en Denver. Era una mujer fenomenal, aunque mucho más joven que yo. Salimos durante unos seis meses y ella simplemente desapareció de mi vida. Nos conocimos a principios de 2016, cuando me mudé de Denver a la cercana Aurora, Colorado, que es un suburbio cercano a Denver. Ella era camarera de uno de mis lugares locales en el área de Denver y era una fanática del ejercicio como yo. Probablemente por eso nos atraíamos mutuamente, pero supongo que no estaba destinado a ser así. ¡Ciertamente le deseo lo mejor dondequiera que esté! Entonces, con anticipación, acepté unirme a los Elinan.

Después de unos meses de relajarme y reagruparme en Denver, me encontré abordando un avión a Perú justo después de Navidad. Ed y yo habíamos trabajado juntos durante años.

Desde mediados de los 90, se ha convertido en una familia para mí. Me había estado invitando a unirme a él y a su familia en Perú durante años. Cada vez, estaría de acuerdo, pero nunca haría el viaje. Finalmente, después de años de decir que sí y nunca ir, decidí seguir adelante. Volé a Perú para pasar tiempo con ellos. Estaba ansioso por un descanso y un poco de relajación. El vuelo aterrizó en Lima y desde allí me dirigí hacia el sur hasta una tranquila playa. El viaje hacia el sur de Lima duró aproximadamente una hora y pronto llegué a su complejo familiar. El lugar era realmente sublime. Estas fueron mis primeras vacaciones reales en varios años. Lo necesitaba más de lo que creía.

La familia Elinan fue muy acogedora y hospitalaria. Ed y su familia fueron los anfitriones perfectos. Su esposa Karen y su hijo David Maximillian Elinan me recibieron con los brazos abiertos. Fue un cambio refrescante respecto del estrés y la alta presión del trabajo por el que había pasado. Se aseguraron de que me sintiera como en casa e incluida en sus actividades. Solíamos comer juntos y contar nuestras historias personales. En definitiva, simplemente disfrutamos de la compañía del otro sin vacilaciones ni formalidades. David, a quien había visto crecer, me llamaba "tío". Me alegré de verlo nuevamente y de pasar tiempo con él y el resto de la familia. Tenían una hermosa configuración y la playa estaba a pocos pasos de distancia.

La tranquilidad de la playa me permitió pensar profundamente en los altibajos de mi vida. Incluso las pruebas que había enfrentado y las transformaciones que había experimentado siempre estuvieron en mis pensamientos. Todo esto pasó por mi mente como una película o una película. Los cambios físicos y mentales que había experimentado fueron significativos. No podría haber nada mejor que el sonido de las olas del océano.

Además, la arena que se hundía y que abrazaba cálidamente mis pies y la agradable compañía de buenos amigos me brindaron un respiro. Fue un tiempo de reflexión y sanación. Tuve la oportunidad de recuperar el aliento y pensar en lo que me esperaba. Fue relajante además de divertido. Pasé mis días tomando el sol en la playa y disfrutando del clima cálido.

Uno de los momentos más memorables fue la víspera de Año Nuevo. Los Elinan organizaron una fiesta fantástica en la playa. Tenían una hermosa estructura construida específicamente para este tipo de reuniones, y bailamos, comimos y celebramos hasta bien entrada la madrugada del 1 de enero de 2017. Pasar la víspera de Año Nuevo y la primera semana de enero de 2017 en las playas de Perú fue como una terapia para mi alma después de ese intento de suicidio y días de depresión.

Esa noche fue particularmente especial. Rodeado de toda esta alegría y risa, sentí satisfacción. Fue un enorme contraste con la agitación y el estrés que había experimentado en los últimos años.

Al final, recibí tanto sol que terminé quemándome. Esto era algo que no me pasaba a menudo. Se burlaban de mí diciendo: "¡El sol te hace bien!" En mi último día allí, Ed me dijo: "Ve a buscarlo". Dijo esto particularmente porque era domingo y, por supuesto, mi último día. Antes de volar de regreso a Denver, me miré al espejo y vi que se me estaba pelando la piel. Y en realidad me estaba pelando como una naranja.

Pero valió la pena exprimir el jugo.

Cuando regresé a Denver en enero de 2017, estaba en un estado de cambio. Estaba tratando de descubrir mi próximo movimiento. Pasé un tiempo relajándome, todavía disfrutando de mis vacaciones en Perú, cuando mi buen amigo Bryan me llamó. Bryan tenía una oferta para mí que pronto cambiaría mis planes. Él dijo: "Oye, Sy, tengo un destacamento de protección en camino. ¿Estaría interesado en ayudarnos como líder del equipo y gestionar los detalles en Portland? Sin mucha desgana, acepté. Necesitaba algo en lo que concentrarme, algo que me hiciera avanzar de nuevo. Entonces, hice las maletas y volé a Portland en enero de 2017 para asumir este nuevo rol. El detalle fue intenso, pero lo disfruté. Era lo que mejor conocía y era bueno volver al negocio de la protección.

Trabajamos con algunos clientes importantes y los detalles salieron bien. Se sintió bien volver a ser parte de un equipo. El trabajo me mantenía ocupada y distraída, que era exactamente lo que necesitaba en ese momento. Me quedé en Portland, trabajando en este detalle hasta que terminó en mayo de 2017.

Justo cuando me estaba preparando para regresar a Denver, Bryan se me acercó con una oferta. Me preguntó si consideraría ir al área de Seattle para ayudarlo a él y a su esposa, Katherine Fath, quien también se hace llamar Dra. Katherine Martin, a administrar su negocio. Mi relación acababa de terminar y, como ya sabes, me dejó herida y destrozada.

Esta brecha era algo que necesitaba llenar y, si no hubiera terminado, podría haberme quedado en Denver. Sin embargo, necesitaba alejarme. Así que acepté la oferta de Bryan y me mudé a Washington. Fue un nuevo comienzo en muchos sentidos. Trabajar con Bryan me dio una sensación de propósito y estabilidad durante un momento turbulento de mi vida.

Las cosas comenzaron con una nota alta cuando me mudé a Washington para trabajar con Bryan. Nos iba bien en el sector del cannabis con múltiples clientes. Nuestros principales clientes estaban en Tacoma, Washington, donde brindamos seguridad para varias instalaciones de cannabis. Estas instalaciones estaban involucradas en todo, desde la fabricación de productos de cannabis hasta el cultivo de las propias plantas de marihuana. Nuestro negocio estaba floreciendo y estábamos teniendo un impacto significativo en la seguridad de estas operaciones.

Sin embargo, las cosas dieron un giro cuando nuestro cliente más importante tuvo que reestructurar sus finanzas. Esta reestructuración significó que ya no podían costear nuestros servicios en sus tres instalaciones principales. Esto fue un duro golpe para nosotros porque eran nuestra mayor fuente de ingresos. La pérdida de este cliente tuvo un efecto dominó en nuestro negocio. Tuvimos que despedir a varios empleados porque simplemente no teníamos suficiente trabajo para mantenerlos empleados.

Dejar ir a la gente nunca es fácil. Fue un proceso doloroso tanto para Bryan como para mí. Eran personas con las que habíamos trabajado estrechamente y se habían convertido en parte de nuestro equipo y de nuestra vida diaria. Fue difícil mirarlos a los ojos y decirles que ya no teníamos trabajo para ellos. No se trataba sólo del negocio. Se trataba de las conexiones personales que habíamos establecido y de la responsabilidad que sentíamos hacia nuestros empleados. Me dolió verlos partir. Fue una representación de la volatilidad de la industria en la que estábamos. La pérdida de nuestro mayor cliente fue un golpe significativo para nuestra empresa. No sólo afectó las finanzas sino que también afectó la moral del equipo. Habíamos estado disfrutando del éxito de nuestro trabajo y este revés fue como un puñetazo en el estómago. Habíamos trabajado muy duro para construir esas relaciones y brindar servicios de seguridad de alta calidad. ¡Ver cómo todo se escapaba era devastador!

Personalmente, este período fue particularmente desafiante para mí. Ya estaba lidiando con las consecuencias emocionales de mi reciente ruptura, mi intento de suicidio y mi depresión. Este revés profesional no hizo más que aumentar mis sentimientos de dolor y desesperación. Sentí que no podía tomar un descanso. Intenté incorporar más negocios para compensar la pérdida, pero fue una batalla cuesta arriba. El estrés y la presión eran inmensos. No es de extrañar que haya pasado factura a mi salud mental.

Es muy gris y lluvioso en Seattle en invierno. Oscurece temprano. Esto sólo empeoró la situación para mí. Bryan fue muy positivo y dijo: "Oye, podemos seguir adelante. Podemos seguir haciendo esto". Estaba abatido. Logré decir: "Sí, sigamos presionando. Sigamos presionando". Pero en el fondo sabía que perder a ese gran cliente era un gran golpe para ambos. Nos las arreglábamos, pero no eran los ingresos a los que estábamos acostumbrados. Si soy honesto, estábamos ahorrando unos centavos.

Mi consumo de alcohol, que ya era considerable, empeoró aún más después de esto. La empresa estaba sufriendo, y yo también. La falta de luz natural y la lluvia constante se sumaban a mis problemas. El aura de melancolía fue suficiente para hacerme sentir más abatido. ¡Y luego el estrés financiero! Todo esto contribuyó a mi creciente depresión. Cada día me parecía más pesado que el anterior y me resultaba cada vez más difícil mantenerme motivado. Los cielos grises de afuera parecieron filtrarse en mi mente. Nublaron mis pensamientos y humedecieron mi espíritu.

Bryan todavía trató de mantenerse optimista. Él siempre nos animó. Sin embargo, por otro lado, no podía dejar de lado el sentimiento de desesperación. La presión de mantener el negocio a flote, combinada con mis luchas personales, me parecía abrumadora. Las noches eran las más duras. Me sentaba solo con una botella de bebida en la mano y trataba de ahogar el ruido en mi cabeza. El alcohol fue un escape temporal, pero en realidad nunca ayudó. Simplemente adormeció el dolor por un tiempo, solo para que regresara con tristeza al día siguiente. Como mencioné anteriormente, tuvimos que despedir a varias personas. Y este fue sin duda el más difícil. Decirle a alguien que ya no tiene trabajo, aunque sepas que dependía de esos ingresos, podría ser desgarrador. Se sumó a mi sensación de fracaso y desesperanza. El estrés y la ansiedad constantes empezaron a afectar mi salud. No dormía bien y sentía que mi cuerpo se estaba quedando vacío. Los interminables días grises en Seattle parecieron prolongarse para siempre. El futuro parecía tan sombrío como el invierno de Seattle.

Estaba atrapada en un ciclo de desesperación del que no podía liberarme. Hubo momentos en los que miraba las calles empapadas de lluvia y me preguntaba cómo habían ido tan mal las cosas. La sensación de pérdida, tanto personal como profesional, fue aplastante. Me sentí desconectado de todo y de todos, incluido yo mismo. La lucha por seguir adelante y seguir empujando era ahora como una batalla perdida. Cada día era un recordatorio de lo que habíamos perdido y de lo bajo que habíamos caído.

Los inviernos grises y lluviosos de Seattle seguían siendo insoportables. Se dice que muchas personas luchan contra la depresión en esta región debido a la falta de luz solar y las constantes lluvias. Yo no fui la excepción. Mi salud mental se hundió cada vez más en la desesperanza a medida que los días se volvían más oscuros y fríos. Si bien algunos podrían llamarlo depresión estacional, para mí fue una batalla que duró todo el año y que solo se intensificó en los meses de invierno. Mi consumo de alcohol continuó sin cesar. El alcohol ofreció un alivio temporal, pero nunca fue suficiente para llenar el vacío interior.

Durante este tiempo, visitaba con frecuencia bares y otros lugares similares. Uno de ellos era HG Bistro, que era un lugar frecuentado local. Yo era un habitual allí y era conocido por muchos. El chef, los camareros y los camareros eran caras conocidas. Un camarero, en particular, empezó a llamarme el "Príncipe del fresco de Puyallup". Ella solía decir: "Sy, eres tan dinámica" y que yo me parecía al personaje icónico de la serie de televisión "El Príncipe de Bel-Air", protagonizada por Will Smith. Ella dijo una vez: "Sí, eres como el Príncipe del Rap de Puyallup". Todo el mundo pensó que era algo gracioso. El apodo se quedó y pronto todos en el bar me conocieron como el Príncipe del Rap de Puyallup.

Capítulo 13: Bienaventuranza en la paciencia

Esos días, nunca me perdía un entrenamiento, pero me sentía aislado y anhelaba estar más cerca de mi familia en ese momento. Fue duro, aunque me estaba quedando con muy buenos amigos, a quienes ahora considero familia. Todavía me sentía aislado porque el noroeste del Pacífico está muy alejado de donde se encontraban los miembros de mi familia. Nadie estaba siquiera cerca de estar en el noroeste del Pacífico. El sentimiento de separación fue profundo. Mis amigos en Seattle me apoyaron y aprecié su compañía. Sin embargo, la distancia física de mi familia era insoportable. Cada vez que miraba el calendario y me daba cuenta de que se acercaba otro día festivo o evento importante, el miedo de perderme esos momentos con mi familia se hacía más intenso.

Por lo tanto, a veces se sentía sombrío. A menudo me encontraba pensando en mi hijo y en lo mucho que quería estar ahí para él, no sólo en sus partidos de fútbol sino también en los momentos cotidianos. Me esforcé por ir y venir de Seattle a Pittsburgh para verlo jugar en la escuela secundaria y luego en el fútbol universitario. Entonces volaba mucho para tratar de estar ahí para él. El esfuerzo de estar presente en sus juegos fue agotador, tanto financiera como emocionalmente. Con los vuelos largos y los traslados rápidos, siempre estaba cansado. Me esforcé por asistir a tantos juegos como pudiera, sabiendo lo importante que era mi presencia para él y cuánto valoraba esos momentos. No pude asistir a todos los juegos solo por la distancia, pero sí pude asistir a muchos de sus juegos.

Era difícil estar tan lejos. La separación de mi familia también significó perderme las pequeñas cosas que hacen la vida especial. Este aislamiento trajo consigo una tristeza y un anhelo difíciles de romper.

Vivir en el noroeste del Pacífico, tan lejos de mi familia, me hacía sentir como si estuviera en un mundo diferente. Fue una experiencia extraña para mí. La región se sentía muy diferente a cualquier lugar en el que hubiera vivido antes. Estaba inquieto ahí arriba. Pero sabía que estaba tratando de ayudar a mi querido amigo, a quien considero mi hermano. Bryan era como mi hermano y éramos muy cercanos.

Por lo tanto, hice todo lo que pude para asegurarme de que la empresa pudiera seguir adelante. Se estaba volviendo agotador y seguía preguntando, ¿por qué estoy aquí? De todos los lugares que elegiría para ir, ¿por qué sería el noroeste del Pacífico? Aunque compartía un fuerte vínculo con Bryan, la pregunta constante en mi mente era por qué había elegido estar allí. Cada mañana, cuando me despertaba con el sonido de la lluvia golpeando la ventana, me preguntaba qué me había llevado a este rincón del país. La falta de caras conocidas, la distancia de la familia y el ambiente extraño aumentaron mi desaliento.

Ahora bien, aunque los veranos en el noroeste del Pacífico ofrecían un completo contraste con los inviernos azules, allí arriba es hermoso y probablemente el mejor lugar para estar en los EE. UU. porque no es muy húmedo. De hecho, es espectacular. La transformación fue casi mágica.

En invierno llovía sin cesar, lo cual era lúgubre y oscuro. Pero en verano, la lluvia daría paso a cielos despejados y toda la región cobraría vida. La belleza natural que me rodeó durante estos meses fue impresionante. Los largos días parecían alargarse sin fin, con el sol brillando en el cielo hasta bien entrada la noche. No oscureció hasta las 11 en punto debido a nuestra ubicación geográfica. Podíamos sentarnos afuera y aún se podía ver la puesta de sol, aunque el sol parecía una naranja gigante.

Sentarse afuera con Bryan, ver la puesta de sol pintar el firmamento en tonos naranja y rosa, me brindó momentos de paz. Fue durante esos tiempos que simplemente pude disfrutar el presente. La brisa fresca, el verdor y la serenidad de un verano en el noroeste del Pacífico fueron extraordinarios. Sin embargo, los inviernos en el noroeste del Pacífico todavía estaban lejos de ser pulcros. Los días se hicieron más cortos, los cielos se volvieron grises y la lluvia parecía caer incesantemente desde arriba.

Me encontré lidiando con las mismas preguntas que no podía responder. ¿Por qué Dios me había traído a este lugar en este momento? ¿Qué se suponía que debía hacer aquí, en esta ciudad tan alejada de todo y de todos los que conocía? Las respuestas se me escaparon, se me escaparon de los dedos y me dejaron a la deriva e insegura. No sabía lo que realmente me tenía reservado.

Pero dentro de la ambigüedad, había una voz. Era suave y gentil, y susurraba palabras de aliento y tranquilidad. Era como si Dios mismo me estuviera hablando, diciéndome que fuera paciente y confiara en Su plan, incluso cuando no podía ver el camino a seguir. Y entonces me aferré a esas palabras. Me aferré a la esperanza de que mi presencia en el noroeste del Pacífico tenía un propósito, aunque todavía no podía verlo. Por lo tanto, esperé con gran expectación y el corazón abierto. Confío en que a su debido tiempo todo será revelado.

Mientras tanto, había muchas cosas con las que lidiar. En un intento por mantener la viabilidad de nuestra empresa, intentaba hacer cualquier cosa en mi capacidad. Una de esas oportunidades surgió cuando me conecté con un grupo en California. Reconociendo los beneficios potenciales de la colaboración, fui al condado de Monterey, California, donde se llevarían a cabo negociaciones con este grupo. Analizamos nuestras posibles sinergias y discutimos la posibilidad de asistencia mutua en la que ambos podamos ayudarnos mutuamente. Al viajar al condado de Monterey, California, participé en conversaciones con este grupo. Y fue entonces cuando exploramos la posibilidad de fusionar nuestras operaciones.

Al principio me sentí optimista acerca de la colaboración y creí que podríamos hacerla funcionar. Sin embargo, en el último momento, nuestros planes fracasaron y la fusión quedó descartada. Simplemente decidimos mantener nuestra empresa como estaba y seguir adelante. Si bien el resultado fue decepcionante, impulsó una reevaluación de nuestra dirección estratégica. Simplemente no estaba destinado a ser así. En retrospectiva, el fracaso de la fusión presentó ventajas inesperadas. Cuando regresé a California, también se conocieron algunos detalles sobre las operaciones del posible socio que habían permanecido ocultos durante las discusiones iniciales. Estas revelaciones enfatizaron los riesgos potenciales asociados con la fusión de nuestras empresas y describieron cómo tomamos la decisión correcta.

Después del incidente, parecía como si me hubiera ido del lugar. Sin embargo, la verdad es que no renuncié a la empresa. Seguí con ello, aunque no participé tan activamente después de que perdimos ese gran contrato. Todavía había oportunidades y contratos potenciales en el futuro que nos mantenían esperanzados, pero no quiero adelantarme.

Entonces, no, realmente nunca renuncié a Olympus Consulting Group. Me quedé, tratando de que las cosas siguieran funcionando. No fue hasta más tarde, cuando me mudé a Pittsburgh, que me fui oficialmente. Pero eso es para capítulos futuros. Lo importante es que no renuncié a la empresa en ese momento. Me quedé e hice lo mejor que pude para asegurar que siguiéramos teniendo éxito. Durante este tiempo, me sentí increíblemente perdida. Mi sentido de propósito era borroso, así que no sabía qué se suponía que debía hacer. Beber se convirtió en una forma de afrontar esta vaguedad. Estar en un lugar nuevo donde nunca antes había estado solo aumentó mi desorientación. A pesar de la belleza de la zona, especialmente de Seattle, que es una ciudad verdaderamente espectacular, me sentí fuera de lugar.

Vivía más cerca de Tacoma, a unas 35 millas del centro de Seattle. La exquisitez geológica del noroeste del Pacífico es innegable. Es una parte magnífica de los EE. UU. A menudo me encontraba vagando por las calles, tratando de empaparme del ambiente y distraerme de mis preocupaciones. Pero incluso en un entorno tan deslumbrante, luché contra sentimientos de falta de propósito. No podía quitarme la sensación de estar perdido y fue un período difícil para mí. Era como si estuviera buscando algo que estaba fuera de mi alcance.

***

En ese momento, tanto a Bryan como a mí se nos ocurrió una idea para un programa de televisión llamado "Pots Unknown". Nos inspiramos en Anthony Bourdain, el famoso chef que se quitó la vida. Su programa, “Parts Unknown”, se transmitió por CNN y viajó a varios lugares interesantes alrededor del mundo. Nuestro concepto era similar pero centrado en la industria del cannabis. La idea era recorrer y visitar diferentes establecimientos que cultivaban la planta de cannabis, dando a los espectadores una visión de cerca de la industria. Y como se trataba de cannabis, el juego de palabras estaba en las palabras "Ollas" y "Partes". La feria tenía como objetivo presentar a varias empresas involucradas en el negocio del cannabis y representar sus procesos y enfoques únicos. Bryan y yo estábamos muy entusiasmados con este concepto. Creíamos que tenía un gran potencial y que podría atraer mucho interés. Nos imaginamos viajando a diferentes lugares, entrevistando gente y mostrando el diverso mundo del cultivo de cannabis.

Presentamos la idea a una productora, confiando en que verían su potencial. Sin embargo, los comentarios que recibimos fueron que el nombre "Pots Unknown" era demasiado similar al "Parts Unknown" original de Anthony Bourdain. Aunque Anthony Bourdain había fallecido, la productora sintió que el nombre era demasiado cercano y no estaban interesados en continuar con el proyecto. Esto fue un revés para nosotros, pero no abandonamos la idea de inmediato.

Presentamos el concepto a otros socios potenciales e incluso aseguramos el sitio web y el nombre de dominio de "Pots Unknown". Teníamos la esperanza de que alguien viera el valor de nuestra idea y ayudara a darle vida. Desafortunadamente, a pesar de nuestros esfuerzos, la idea no fue adoptada por ninguna productora. Fue decepcionante porque creímos en el concepto y pensamos que podría tener éxito.

Aunque el espectáculo no se materializó, el proceso de desarrollo de la idea fue emocionante y estimulante. Nos dio una salida creativa y algo que esperar durante un momento difícil. Pusimos mucha energía en el proyecto y fue una experiencia de aprendizaje para ambos. Obtuvimos información sobre el proceso de producción y los desafíos de hacer despegar un nuevo programa.

La idea de "Pots Unknown" de alguna manera todavía permanece en el fondo de mi mente. Creo que fue un concepto innovador que podría haber brindado un valioso conocimiento de la industria del cannabis. El proyecto nos permitió pensar fuera de lo común y explorar nuevas posibilidades, incluso si no llegó a buen término. Ahora me doy cuenta de lo importante que es seguir adelante, incluso cuando las cosas no salen según lo planeado.

Al final, "Pots Unknown" siguió siendo una idea que podría revisarse en algún momento. La industria del cannabis sigue creciendo y evolucionando, y siempre existe la posibilidad de que el concepto llegue a la plataforma adecuada. Por ahora, sirve como un recuerdo entrañable. Y nuevamente, me encontré preguntándome qué tenía Dios reservado para mí aquí arriba. Sentí que no estaba alcanzando mi potencial, pero no estaba seguro de qué más necesitaba hacer. Seguí preguntando, *"¿Qué más hay? ¿Qué debería estar haciendo?* Fue una época frustrante y confusa. Quería sentir que estaba aportando más y que tenía un objetivo claro. La consulta me estaba carcomiendo. Me estaba poniendo incómodo.

Entonces surgió una oportunidad que parecía que podía cambiarlo todo. Nos propusieron trabajar para una gran cadena de supermercados. Esta no era una cadena de supermercados cualquiera. Era uno de los más grandes de la costa oeste. Querían que realizáramos evaluaciones de amenazas en todos sus centros de distribución. Estos centros estaban repartidos por toda la costa oeste, desde California hasta Washington, y el contrato habría supuesto un importante impulso para nosotros. Se sintió como el descanso que necesitábamos desesperadamente.

Pusimos todo lo que teníamos en preparar nuestro terreno de juego. Sabíamos lo importante que era esto y cuánto dependía de ello. Cuando llegó el día, nos dirigimos a su oficina regional.

Listos con datos, presentaciones y un fuerte sentido de determinación, entramos. La presentación fue excepcionalmente bien. Quedaron impresionados con nuestras capacidades y lo que podíamos ofrecer. Hubo intensa emoción y alivio. Se sentía como si finalmente todo estuviera encajando en su lugar. Que todo el trabajo duro y las luchas estaban a punto de dar sus frutos.

Sin embargo, justo cuando estábamos a punto de conseguir este importante contrato, llegó el COVID-19. Entraron en vigor las medidas de cuarentena y todo se cerró. Esta oportunidad que parecía tan prometedora de repente estuvo en peligro. Sin embargo, esto no fue inmediato. Antes de esta situación, estábamos celebrando nuestro lanzamiento exitoso ese fin de semana. Habíamos traído a un colega de Ohio para ayudar con la presentación. Después del lanzamiento, que salió increíblemente bien, decidimos celebrarlo. Fue un fin de semana divertido. Sentimos que estábamos al borde de algo grande, algo que podría cambiar todo para nosotros.

Sin embargo, el domingo por la mañana la realidad se impuso. Tuve que llevar a nuestro colega de regreso al aeropuerto, pero todavía tenía resaca de la noche anterior. Nos quedamos despiertos hasta las cuatro de la mañana, disfrutando de lo que pensábamos que era una gran victoria para nuestra empresa. La celebración había sido una forma de desahogarse y disfrutar el momento.

Mi cabeza daba vueltas en el camino de esa mañana hacia el aeropuerto mientras conducía entre el tráfico de la madrugada. Por lo tanto, todavía tenía bastante resaca cuando lo llevé al aeropuerto. Cuando dejé a nuestro colega en el aeropuerto, nos despedimos. Después de dejarlo, decidí pasarme por un par de bares a la vuelta. Esa noche, el 1 de marzo, las cosas empeoraron cuando la policía me detuvo.

Mientras conducía, un niño en un vehículo blanco se acercó a mi lado derecho. Nos acercábamos a un puente. Bueno, lo que podríamos decir es algo así como un puente, y el carril derecho fue cerrado para la construcción. El niño me rodeó por la derecha, luego giró bruscamente hacia el carril izquierdo y pisó el freno. No tuve tiempo de reaccionar y terminé chocando por detrás con su auto. Sin embargo, no fue un golpe duro, ya que no se activaron los airbags. Aun así, ambos vehículos sufrieron daños. Fue entonces cuando la policía me detuvo. Ser esposado fue una experiencia humillante. Me enorgullezco de ser un conductor profesional. Fui instructor de conducción en Europa y entrené a personas para manejar automóviles, autobuses y vehículos de transporte militar como dos y medio. Había conducido caravanas de dignatarios, actuando como conductor principal y de respaldo. Mis habilidades de conducción eran una cuestión de honor para mí. Encontrarme en una situación en la que había golpeado a alguien, especialmente a niños pequeños, fue devastador.

El conductor del otro vehículo tenía sólo 19 años y probablemente todavía era un conductor relativamente nuevo. Independientemente de las circunstancias que condujeron a la colisión, lo cierto es que los golpeé por detrás. En cualquier colisión trasera, el conductor que golpea al otro vehículo suele tener la culpa, sin importar la situación. Este conocimiento se sumó a mi decepción y frustración conmigo mismo.

Mientras estaba sentada allí, esposada, no podía dejar de rememorar los acontecimientos en mi mente. Siempre me había considerado un conductor responsable y hábil y, sin embargo, aquí estaba en una situación que contradecía esa creencia. Fue un trago amargo, sabiendo que mis acciones habían llevado a este resultado. Mi impresión de profesionalismo e integridad en mis habilidades de conducción se hizo añicos.

La policía tomó la información necesaria y yo tuve que lidiar con las consecuencias de mis acciones. El incidente sirvió como un duro recuerdo de que no importa cuán hábil o experimentado sea uno, un momento de falta de juicio o mala suerte puede tener repercusiones. Especialmente las desventajas de conducir bajo los efectos del alcohol eran bastante evidentes en la situación. La experiencia fue aleccionadora en más de un sentido. Me obligó a enfrentar la realidad de mi estado. No puedo evitar sentir un profundo sentimiento de arrepentimiento. La velada que había comenzado con dulces momentos con amigos terminó conmigo contemplando la necesidad de un cambio. Todo el incidente me sacudió hasta lo más profundo. La Dra. Katherine Martin, también conocida como Dra. Katherine Fath, vino y me sacó de la fianza. Estuve en la cárcel unas dos horas, pero me pareció una eternidad. Esas dos horas fueron más que suficientes para hacerme darme cuenta de la gravedad de mi situación. Cuando me sacó de la fianza, me dio un sermón severo sobre mis responsabilidades.

Tenía toda la razón al hacerlo. Katherine es como mi hermana pequeña, aunque sea la esposa de Bryan. Siempre me he preocupado profundamente tanto por Bryan como por ella. Sus palabras me conmovieron porque sabía que debería haber sido más responsable. Ella estaba justificada al hacerme pasar un mal rato y yo necesitaba escucharlo. Esa noche le hice una audaz declaración. Le dije que nunca volvería a beber. Ella me miró algo escéptica y se rió un poco. Ella conocía mis patrones y probablemente pensó que era una reacción exagerada. Pero luego compartió conmigo algunas ideas valiosas. Como oncóloga y médica, ella me dijo: "Señor, si realmente quieres dejar de beber, el color de tu piel cambiará. Te verás diferente".

Explicó que todas las mañanas me veía sonrojada, gris y cenicienta después de beber vodka, que estaba causando estragos en mi organismo. Sus palabras transmitían experiencia médica y cuidado personal. Ella dijo: "Todo su panorama de salud va a cambiar. Tu piel se aclarará, te verás mucho mejor y te sentirás mucho mejor".

Ella tenía toda la razón. Sus consejos y la gravedad de la situación me hicieron darme cuenta de la importancia de sus palabras. Cuando vino a sacarme de apuros, parecía un ángel. Estaba increíblemente agradecida por su ayuda. Probablemente pensaron que me quedaría atrapado en la cárcel por un tiempo, sin nadie que pudiera sacarme la fianza.

Pero lo hizo y siempre estaré agradecido por ello. Tengo a Katherine y Bryan en la más alta estima. Son tan cercanos a mí como mis propios parientes consanguíneos. Esa noche fue un punto de inflexión en mi vida. Dejé de beber y desde entonces no he vuelto a mirar atrás.

Verla esperándome afuera de la cárcel fue un profundo alivio. Su presencia significó todo para mí en ese momento. Estaba claro que ella y Bryan realmente se preocupaban por mi bienestar. Su apoyo y la dura realidad de mi situación me hicieron darme cuenta de que necesitaba hacer un cambio serio. Las palabras que dijo sobre mi salud no fueron solo consejos médicos. Fueron una llamada de atención.

La decisión de dejar de beber no fue fácil. Pero con la confianza de Katherine, encontré la fuerza para seguir adelante. Mientras abrazaba la sobriedad, recurrí a la Biblia de mi madre y comencé a leerla esa misma noche. Sentí como si ocurriera un cambio profundo dentro de mí. En ese momento, no todos los que me rodeaban entendían el significado de mi llamado porque yo mismo no era plenamente consciente de ello. Los cambios que estaba experimentando eran algo para los que nadie, ni siquiera yo, estaba preparado.

Debido al incidente de DUI, tuve que someterme a una evaluación de drogas y alcohol. Durante mi primera sesión con uno de los consejeros, sentí una necesidad abrumadora de hablar abiertamente sobre mi pasado intento de suicidio. Era la primera vez que hablaba de ello. El momento en que lo dejé escapar fue increíblemente emotivo y creo que conmovió profundamente al consejero. Escuchó atentamente y, después de evaluar mi ingesta y mis respuestas, me dijo que no creían que yo fuera alcohólico. Sin embargo, independientemente de su evaluación, insistí en que sí. El acto de compartir mis secretos más oscuros parecía haber reconfortado mucho al consejero. No entendí qué me impulsó a revelar una parte tan personal y dolorosa de mi pasado, pero sentí una intervención divina. Era como si Dios me estuviera instando a empezar a hablar de ello. Comencé a darme cuenta de que era necesario abordar el incidente de 2015, que había enterrado en lo más profundo.

Dios pareció comunicarme que el evento en mi oficina en 2015 no era algo que pudiera ocultarse. Me confirmó que efectivamente era Él presente en ese momento. Durante mucho tiempo había mantenido ese día encerrado, con la esperanza de no volver a visitarlo ni discutirlo nunca. Pero ahora sentí como si Dios me estuviera persuadiendo a sacarlo a la superficie y confrontarlo.

Después de esta conciencia, mi vida cambió por completo. Comencé a escribir sobre mis experiencias y comencé a hablar de ellas abiertamente. Había un nuevo coraje dentro de mí para confesar y discutir lo que había sucedido. Esta alteración me permitió finalmente confrontar y procesar el trauma de ese día en Denver el 18 de abril de 2015.

Leer la Biblia de mi mamá se convirtió en una práctica diaria. Las palabras me trajeron consuelo y claridad. Cada pasaje que leí me pareció un mensaje entregado sólo para mí. Comencé a comprender la profundidad de mi llamado. Pude ver la ruta que necesitaba seguir. Cuanto más leía, más sentía una conexión con algo más grande que yo. Este viaje espiritual fue una parte integral de mi recuperación.

Las sesiones con el consejero continuaron y cada vez me resultaba más fácil hablar de mi pasado. La empatía y comprensión del consejero me brindaron un espacio seguro para descargar las cargas que había estado cargando. Compartir mi historia se convirtió en una terapia que me ayudó a sanar desde dentro. Hablar de mi intento de suicidio fue como si se hubiera reventado un dique. Y con ello, había liberado todas las emociones reprimidas que me habían estado frenando. Comencé a ver la importancia de enfrentar mis demonios directamente en lugar de enterrarlos. Esta apertura trajo una liberación que nunca antes había experimentado. El incidente de DUI, aunque fue un punto bajo, me obligó a buscar ayuda y enfrentar mis problemas. Estoy en deuda con la intervención tanto de Dios como del consejero. Dios me ayudó a ver la luz en los tiempos más oscuros y el consejero se convirtió en mi fuente.

Durante ese período transformador de marzo, experimenté una serie de premoniciones, pero una se destacó vívidamente. Ocurrió durante un viaje a Sudáfrica para realizar una importante labor filantrópica. Los domingos, nuestro grupo tenía la oportunidad de asistir a los servicios religiosos y la diversidad de denominaciones entre nuestros miembros era sorprendente. Si bien algunos eran bautistas y otros católicos, yo me identificaba como presbiteriano y asistía a los servicios con otros miembros presbiterianos.

***

Durante ese período de marzo, estaba teniendo todas estas premoniciones. Algo extraordinario sucedió en un servicio en particular en una gran iglesia presbiteriana en Johannesburgo, Sudáfrica. Viajábamos los domingos y los miembros estaban con nosotros. Fueron a adorar y realizar servicios religiosos. Había muchos miembros de diferentes prácticas. Algunos de ellos eran bautistas, otros católicos y yo era presbiteriano. Entonces iría a un servicio presbiteriano con otros miembros de esa iglesia. Fue poco después de que Estados Unidos iniciara la guerra con Irak. Esto fue alrededor de 2002 o 2003. Mientras escuchaba al ministro pronunciar el sermón, tuve una profunda comprensión. Estaba yo parado en el púlpito, pronunciando el sermón. Este sueño se sintió increíblemente real e impactante, dejándome empapado de sudor al despertar. La potencia de la experiencia permaneció mucho tiempo después. Despertó un asombro dentro de mí.

Ese sueño parecía casi profético y prolífico. Años más tarde, me encontré predicando regularmente en varias iglesias. Era como si el sueño hubiera predicho mi futuro si yo permanecía comprometido con el rumbo que Dios tenía previsto para mí. Él me guió hacia la sobriedad y una vida recta. Me lleva a caminar en obediencia a Su voluntad. El hermoso sueño fue como si hubiera vislumbrado lo inminente donde mi propósito se cumplía.

Durante esta época de crecimiento y transformación, comencé a profundizar en la Biblia con más seriedad que nunca. Si bien había tenido una Biblia durante algún tiempo, hasta entonces no me había comprometido verdaderamente con sus enseñanzas. Fue como si Dios finalmente hubiera captado mi atención, llevándome a sumergirme en Su palabra con nuevo fervor. Mirando hacia atrás, imagino que a Dios le debe haber divertido mi devoción.

Después de años de exploración espiritual, parecía que finalmente había encontrado el camino que Él me había trazado. Bueno, si preguntas, estoy seguro de que Dios realmente se estaba riendo. Tenía que estar riéndose, o al menos así suena en mi cabeza. Debe estar diciendo que finalmente conseguí contactar a este tipo después de todos estos años. Así creo que es. Creo que Dios estaba bastante complacido con mi progreso.

Capítulo 14: Fe y amistad

Ahora estaba intrigado por las energías divinas de Dios. Entonces decidí inscribirme en algunos cursos de Seminario y Capellanía. Sin embargo, no tenía los medios para asistir a un seminario o escuela teológica prestigiosa. Entonces, los cursos en línea eran mi única opción. Mis circunstancias económicas no eran muy agradables y no podía permitirme ninguna de esas escuelas tradicionales. Sólo puedes hacerte una idea de mi situación si sabes que vivía con amigos. Independientemente de las limitaciones, elegí no posponer mi decisión y darlo todo. Me estaba entregando por completo a mis estudios. El período de cuarentena brindó la oportunidad perfecta para concentrarse. Estaba constantemente absorto en mis estudios y trabajos de curso durante doce a catorce horas diarias. Quería obtener mis credenciales y convertirme en capellán.

Nadie podría haber adivinado por mi dedicación que estaba simplemente en algún programa en línea. No me importaba si estaban en línea. Quería causar un impacto, así que me acerqué a ellos con el mismo entusiasmo que le habría dado a cualquier programa en entornos físicos o fuera de línea. Para otros, podría tratarse simplemente de un curso aleatorio, pero para mí, obtener mis credenciales no era algo que pudiera tomar a la ligera. Los deseaba tanto que no dejé que mi falta de fondos me lo impidiera. Al contrario, a mí me funcionó bastante bien.

Mi decisión fue tan rápida que creo que ni siquiera Dios especuló al respecto. De hecho, sentí como si Dios hubiera quedado gratamente sorprendido por mi decisión de inscribirme. Por supuesto, lo digo con un toque de humor y no debe confundirse con una blasfemia. Sabía que Dios estaba consciente de todas mis acciones. Sin embargo, parecía que mi decisión tomó a todos por sorpresa. Yo era el tipo de persona que a menudo tomaba a la gente por sorpresa. Y cuando elegí este camino hacia el ministerio, el caso no fue muy diferente. Algunos de mis amigos y familiares habían reconocido que iba en esa dirección. Sin embargo, muchos quedaron desconcertados y no esperaban tal comportamiento de mi parte. Honestamente, era probable que sufriera un cambio tan abrupto ya que estaba en consonancia con mi carácter. Yo era el tipo de persona a la que le encantaba sorprender a la gente. De la misma manera, mi decisión de dedicarme al ministerio no fue algo que la gente anticipara. Por lo tanto, se convirtió en la parte más memorable de mi vida y resultó cambiar mi vida.

Durante este tiempo, mi querida amiga Stacy Lollis me ayudó. Conocí a Stacy cuando estaba sirviendo mesas en un lugar llamado Ram Restaurant and Brewery. Era una cervecería y un restaurante donde iba a menudo a beber. Visité el lugar con mi amigo. Me llamó la atención su belleza en el momento en que la vi. ¡Era absolutamente impresionante! La imagen se quedó conmigo, pero su atractivo va mucho más allá de su apariencia física. Lo que me atrajo de ella fue su espíritu y su belleza interior, que irradiaban un encanto irresistible.

Sin embargo, no llegamos a conocernos durante esta reunión inicial. Nos hicimos conocidos pero desconocíamos las verdaderas personalidades del otro. No fue hasta que llegó la cuarentena que nos volvimos más cercanos. Antes de la pandemia, ambos entrenábamos en el mismo gimnasio. Fue cuando cerraron los gimnasios cuando realmente nos conectamos. Mi amigo Bryan, con quien vivía en Washington, había construido un gimnasio en su garaje. En broma me referí a ella como el Arca de Bryan. Era una alusión a Noé de la Biblia por su celo por crear esta reserva. Cuando todos los gimnasios cerraron debido a la pandemia, comenzamos a hacer ejercicio en su garaje y fue durante estas sesiones que Stacy comenzó a acompañarnos. Este fue el punto de inflexión en el que realmente nos unimos, ya que pasamos más tiempo juntos y ella comenzó a abrirse conmigo y a compartir la historia de su propia vida.

Stacy tiene su propia historia, rica en experiencias. Su vida está llena de eventos y desafíos únicos, algo que ha compartido conmigo ampliamente. A través de estos intercambios, desarrollé sentimientos profundos por ella. Realmente la amo y ella lo sabe, pero solo somos amigos. Esta dinámica ha sido un punto de crecimiento importante para mí.

Normalmente, habría coqueteado con ella. Sin embargo, con Stacy, entiendo el propósito que tenemos en la vida del otro. Este entendimiento ha permitido que nuestra amistad florezca. Es un vínculo especial en el que ella es mi amiga ante todo y respeto los límites y los roles que desempeñamos en la vida de los demás. Esta ha sido una amistad de madurez para mí, donde reconocí el valor de una relación platónica con alguien que me importa profundamente.

Nuestra relación sigue siendo única y profundamente especial. Nuestra conexión sigue siendo fuerte a pesar de que no nos reunimos con tanta frecuencia como antes. El lugar que tiene en mi corazón sólo está reservado para ella. Es irreemplazable.

Si bien mi familia es inmensamente importante para mí, Stacy es la única amiga con la que me siento completamente cómoda compartiendo todo. En el pasado, era reservado y a menudo me guardaba mis sentimientos y emociones para mí. Pero con Stacy puedo expresar mis pensamientos más personales sin dudarlo. Ella me brindó un espacio seguro para ser vulnerable mientras me escuchaba sin juzgarme.

Abrí mi corazón y vertí mi alma en ella de formas que creía imposibles. Me cambió desde dentro. Entonces, el material empezó a volverse increíblemente intenso cuando estaba tomando mi curso de capellanía. Había una sección que trataba sobre el proceso del duelo y la idea de cómo lidiar con la pérdida. En esta parte del curso tratamos las cinco etapas del duelo, que son la negación, la ira, la negociación, la depresión y, finalmente, la aceptación.

El curso requirió que me involucrara con estos conceptos a un nivel muy personal. El trabajo del curso me obligó a revisar mis propias experiencias con la pérdida, particularmente el fallecimiento de mi padre y mi suegro. Esta introspección hizo que el proceso de aprendizaje fuera pesado y emocionalmente agotador.

El instructor enfatizó que la naturaleza del trabajo de capellanía es intrínsecamente difícil debido a su estrecha asociación con hospicios e instalaciones de tratamiento del cáncer, donde decir adiós a los pacientes moribundos es una parte habitual del trabajo. El instructor me dijo que los capellanes deben tener lo que ellos llaman un "alma amiga". Este amigo del alma es alguien que puede brindar apoyo y alguien en quien puede confiar y en quien puede apoyarse cuando la carga emocional se vuelve demasiado grande. Este concepto reconocía que los capellanes y ministros son humanos y susceptibles a luchas emocionales, aunque su trabajo requiera fortaleza.

Tan pronto como el instructor mencionó la necesidad de un alma amiga, inmediatamente supe quién era la mía. Sin duda, recurrí a Stacy. Nuestra relación siempre ha sido exclusivamente de apoyo y comprensión. Como mencioné anteriormente, puedo decirle cualquier cosa y ella siempre está ahí para escucharme sin juzgarme. Yo hago el mismo papel para ella. Como cliente habitual de su restaurante, Stacy me atendía con frecuencia y había visto de primera mano mis hábitos de bebida. Probablemente pensó: "Vaya, este tipo realmente sabe beber", ya que a menudo yo me permitía mucho. Incluso después de ver ese lado menos halagador de mí, Stacy no me juzgó. En cambio, observó y tomó nota de quién era yo en esos momentos. Esta familiaridad con mis viejos hábitos hace que su perspectiva sobre mi sobriedad sea aún más personal. Ella fue testigo de toda mi transformación de un bebedor empedernido a alguien que dejó el alcohol.

De hecho, Stacy no sólo vio mi transformación. Ella lo apoyó activamente. Cuando decidí dejar de beber, ella estuvo allí para animarme. Aunque estuve casado y divorciado dos veces, nunca había podido comunicarme tan abiertamente con mis ex esposas. Por alguna razón, siempre me reprimí las cosas. Sin embargo, con Stacy, como dije, fue diferente. Me sentí libre de compartir lo que realmente tenía en mente y en mi corazón. Su apoyo no era algo que hubiera experimentado antes.

Stacy se molestó mucho cuando descubrió que había estado en un refugio para personas sin hogar, especialmente porque no se lo dije hasta después de haberme ido. Me avergoncé y lo mantuve en secreto para la mayoría de las personas, y solo se lo dije a mi familia inmediata. Su decepción por mi secreto me llevó a ser abierto y honesto en nuestra relación. A partir de ese momento, juré no volver a apartarme de ella. Entendí la importancia de compartir todo con ella, por muy avergonzada que pudiera sentirme. Stacy ha estado en primera fila de mi transformación, y verme cambiar justo ante sus ojos nos ha acercado aún más.

Un momento que me ayudó a recurrir a Jesús fue cuando Stacy me envió varios enlaces de YouTube a los videos del pastor Michael Todd de la Iglesia Transformación en Tulsa, Oklahoma. Mi interés por la espiritualidad se estaba fortaleciendo y la mayoría de las iglesias cerraron debido a la pandemia. Era un enlace a uno de sus sermones titulado "Fe loca". Tan pronto como escuché este sermón, me impactó mucho. Creo que fue el destino que escuché ese sermón, aunque hoy no lo sigo activamente. Después de escuchar su mensaje el día de San Patricio, el 17 de marzo de 2020, entregué mi vida a Cristo. Ese enlace de YouTube era más que un simple vídeo. Fue el comienzo de mi viaje espiritual. Me llevó a pensar. Pensar en la vida que llevaba. Pensar en cómo se lo debo a Dios.

El Día de San Patricio es un día muy importante para mí y lo mantengo cerca. Como era alcohólico y el Día de San Patricio siempre fue una gran celebración en mi vida, participé en la festividad de todo corazón. Incluso como irlandés honorario del día, siempre estuve participando en todas sus actividades. Realmente esperaba con ansias las festividades y la bebida cada año. Fue una época en la que podía disfrutar de mi amor por el alcohol.

El hecho de que elegí el día de San Patricio para entregar mi vida a Cristo parece profundamente profético. Parecía un momento en el que Dios mostraba su sentido del humor, particularmente conmigo. Transformar un día así de bebida y celebración en un momento de espiritualidad reflexiva fue bastante irónico. Es como si Dios quisiera mostrarme que puede alcanzarme incluso en mi indulgencia favorita. Esta decisión fue un gran cambio en mi vida.

El sermón "Crazy Faith" trataba sobre la fe. Explicó cómo la fe puede cambiar la vida de las personas y mejorarlas. Este mensaje me conmovió tanto como nunca en mi vida. Fue uno de esos sermones en los que sientes que el orador está hablando específicamente de tus preocupaciones y dificultades. Por supuesto, sabía que no me estaba hablando literalmente a mí, pero el mensaje era tan conmovedor y oportuno que parecía profético. Me hizo darme cuenta de la importancia de caminar en fe y estar abierto a los cambios que la fe puede traer. Ese día de San Patricio, supe que estaba destinado a estar en este viaje ministerial. El sermón de Michael Todd me enseñó cómo caminar en fe y obediencia a Dios, lo que desde entonces se ha convertido en mi misión. Estoy increíblemente agradecido con Stacy por compartir ese vínculo conmigo. Ella no tenía idea del impacto que tendría, pero todo cambió para mí. Esta experiencia me enseñó a ser paciente y mejorar como padre, hijo, hermano, exmarido y amigo.

La paciencia es algo por lo que oro a diario. Esto se debe a que no siempre me ha resultado natural. Cuando trato con malos conductores en la carretera, puedo impacientarme. Siempre fui débil en esta área de mi vida y estaba tratando de trabajar en ello. Al final lo aprendí.

Mejorarme como persona ha sido una prioridad. Intento ser un mejor exmarido y mantener el respeto incluso después de que termina el matrimonio. Me esfuerzo por ser un mejor padre por el bien de mis hijos. Quiero colmarlos solo con mi amor. También me gustaría estar cerca de mi nieta, Joiee, y tener un impacto constructivo en su vida.

Ser un mejor hermano para mi hermana, Rhonda también es importante para mí. Nuestra relación significa mucho y quiero estar ahí para ella de manera significativa.

Como amigo, intento ser comprensivo y leal con todos los que me rodean. Cada día presenta oportunidades de crecimiento y estoy comprometido a evolucionar hacia la mejor versión de mí mismo en todas estas partes. Llegados a este punto quiero decirles algo a todos los lectores que han viajado conmigo por estas páginas. Saben que estoy profundamente agradecido por los ministros, mentores y figuras que han estado allí. Comenzando con la pastora Carmen Cox Harwell, quien vio potencial en mí cuando compartí mis luchas por primera vez. Luego, mi primo, el reverendo Edward Alan Scott, quien compartió sus experiencias conmigo, me apoyó durante mi formación como capellanía.

Mi familia también ha sido una fuerte provisión en mi vida. Mi suegro, un ministro presbiteriano, siempre me guió y me dio la sabiduría que necesitaba para este camino. Además, mi tía Elizabeth Scott y la gracia del arzobispo Desmond Tutu son imprescindibles en mis enseñanzas. Su influencia, incluso después de su fallecimiento, continúa inspirando mi ministerio.

En tiempos de cuarentena y aislamiento, sus enseñanzas me ayudaron mucho. Aunque no pude realizar pasantías o colocaciones tradicionales, estaba contento con su orientación virtual. Estoy particularmente agradecido por las amistades forjadas durante circunstancias inesperadas como la cuarentena. Estas relaciones, como la que tengo con Stacy, quien vio mi cambio y me ayudó activamente a superarlo, no tienen precio.

Capítulo 15: Parada de Pitt

Quiero expresar mi gratitud a Katherine y Bryan Fath por darme la bienvenida a su familia en el noroeste del Pacífico. Sin su generosidad, hace mucho tiempo que me habría enfrentado a la falta de vivienda. Vivir con ellos también me convirtió en un gran amante de los perros, ya que tenían seis perros cuando me mudé. Sinceramente aprecio y amo a esos perros. Fue una experiencia hermosa y quiero comenzar este capítulo agradeciéndoles por darme un hogar.

Ahora, cuando hablo de "Pitt Stop", me refiero a la ciudad de Pittsburgh, que fue una parada rápida para mí. Viví allí durante unos ocho meses antes de mudarme a California. Me quedé en Pittsburgh para trabajar en un documental que, lamentablemente, nunca terminamos. El equipo de producción incluyó a James McDonough, Eden Herbert y Danny Hickton.

Danny Hickton es abogado en Pittsburgh. Él y yo habíamos trabajado juntos anteriormente en Denver en Dixie Brands. Él también era de Pittsburgh. Pertenecía a una zona cercana a mi zona de origen. Por lo tanto, nos llevamos bien y fui su mentor mientras estaba en Dixie. Danny finalmente dejó Denver, regresó a Pittsburgh y obtuvo su título de abogado.

Después de leer un artículo que escribí titulado "Out of the Storm", Danny sugirió que podría convertirse en un documental convincente. Esta idea plantó la semilla de nuestro proyecto. Aparte de Danny, estaba James McDonough. Fue camarógrafo y animador de Cisco Systems en Pittsburgh. Aportó al equipo su experiencia en cuentos, películas y animación. Luego, Eden

Herbert fue nuestro excelente escritor y narrador del documental. Dejé el noroeste del Pacífico y me dirigí a Pittsburgh en septiembre de 2021 para impulsar el documental "Project Resurrection" y ver a mi hijo, Sy the Fourth, jugar lo que pensé que sería su último año de fútbol universitario. Comenzamos a filmar el documental en Pittsburgh. Durante estos ocho meses, los actores clave fueron James McDonough como camarógrafo/productor, Eden Herbert como escritor/narrador y el abogado Danny Hickton como asesor principal. Realizamos entrevistas y filmamos monólogos por todo Pittsburgh. Sin embargo, nos enfrentamos a un obstáculo. Fue la falta de financiación. La recaudación de fondos nunca fue mi fuerte. Nunca me he sentido cómodo pidiendo dinero para apoyar proyectos. Por lo tanto, esta vez tampoco pude hacerlo.

Planeamos crear un documental de 90 minutos, pero solo logramos completar alrededor del 20 por ciento debido a limitaciones financieras. Era un proyecto ambicioso. Nuestro objetivo era capturar historias e imágenes convincentes. Filmamos en varios lugares de Pittsburgh y nuestros esfuerzos dieron como resultado un avance de un minuto que resumió la esencia del documental. Habíamos imaginado filmar en varios lugares, incluidos Denver, el noroeste del Pacífico y mi antigua ciudad natal. Aunque todos eran muy honestos con su trabajo, habían trabajado gratis ya que yo no tenía dinero para pagarles. Al final, decidí que era injusto pedirles que siguieran trabajando sin compensación.

Filmamos varias escenas, incluido el partido de fútbol de mi hijo, sesiones de gimnasio y un desfile del Día de los Veteranos. Sin embargo, sin los fondos necesarios, no pudimos continuar con los rodajes en exteriores. El documental permanece en suspenso incluso hoy. No pude conseguir el dinero necesario y no quería aprovecharme de la buena voluntad de la tripulación. Este capítulo de mi vida en Pittsburgh fue un período breve pero intenso. Estaba lleno de sueños y desafíos. Independientemente de la pausa del proyecto, la experiencia fue suficiente para saber que necesitaba contar mi historia al mundo.

Mi hijo, Sy, jugó fútbol americano universitario en la Universidad Wheeling en Virginia Occidental durante mi estadía en Pittsburgh. Inicialmente pensé que era su último año, pero terminó recibiendo un año adicional de elegibilidad. Cuando él consiguió este año adicional, yo ya me había mudado a California. Por lo tanto, mi estancia en Pittsburgh tuvo un doble propósito. Uno fue apoyar a Sy en lo que creía que era su última temporada. Y segundo, lanzar "Proyecto Resurrección", nuestro documental.

Mientras estuve en Pittsburgh, también tuve el privilegio de trabajar con la mejor amiga de mi hermana, la señorita Tawana Gatewood. Me presentó a Diane Powell, quien dirigía una organización sin fines de lucro llamada Community and Family Builders. Esta organización proporcionó mentores jóvenes a Penn Hills High School, específicamente en su programa New Directions. Penn Hills es un suburbio de Pittsburgh. Fue en esta escuela secundaria donde me di cuenta del impacto que podía tener. Al convertirme en mentora de jóvenes, podría influir en la vida de los jóvenes.

Thomas Gilcrease era el consejero principal de Penn Hills High School y líder del programa New Directions. Su presencia en mi vida se volvió imperativa, de lo que me di cuenta más tarde. Thomas era diácono en una iglesia bautista local y candidato a doctorado en psicología. Era un individuo talentoso y compasivo. Rápidamente nos unimos y nos dio a la señorita Gatewood y a mí la libertad de relacionarnos con los estudiantes. Nos abstrajimos con los estudiantes en una amplia gama de temas. New Directions era un programa alternativo diseñado para estudiantes que de otro modo enfrentarían una suspensión. Los estudiantes asistieron a la escuela los sábados para participar en este programa. En caso contrario, serían suspendidos. Aunque no les entusiasmaba pasar los sábados por la mañana en la escuela, eligieron el programa en lugar de la suspensión.

La señorita Gatewood y yo trabajamos como mentoras de jóvenes en la organización Community and Family Builders. Se dedicó a educar y empoderar a los residentes de la comunidad de Pittsburgh. Su misión era abordar problemas crónicos y debilitantes dentro de la comunidad. Diane Powell dirigió la organización y tuve la oportunidad de trabajar junto a la señorita Gatewood. Había sido una amiga de la familia de toda la vida. Nos emparejaron para guiar a los jóvenes.

Fue la señorita Gatewood quien me animó a compartir mi historia personal, incluido mi pasado intento de suicidio, con los estudiantes. Al principio tuve dudas. Sin embargo, finalmente me abrí a los estudiantes sobre mis experiencias. Esta revelación tuvo un profundo efecto en los estudiantes.

Comenzaron a prestar atención y a interactuar con nosotros de manera más abierta. Compartir mi historia rompió las barreras entre nosotros y creó un espacio para que los estudiantes compartieran sus propias luchas. El Programa Nuevas Direcciones se convirtió en una plataforma para que estos jóvenes expresaran sus problemas y buscaran orientación.

Si bien requirió que los estudiantes vinieran a la escuela los sábados para completar su tarea, también les brindó tutoría y apoyo de personas como la señorita Gatewood y yo. Aunque al principio se mostraron reacios, pronto se saciaron con la tutoría que recibieron.

Durante nuestro tiempo en Penn Hills High School, fuimos testigos de primera mano del impacto de nuestro trabajo. El Programa Nuevas Direcciones tenía como objetivo brindar una alternativa positiva para estos estudiantes. La sugerencia de la señorita Gatewood de compartir mi historia personal fue la mejor idea. Abrió un nuevo nivel de conexión con los estudiantes. Empezaron a confiar en nosotros. Nos vieron como mentores que realmente se preocupaban por su bienestar. Se abrieron las compuertas y los estudiantes comenzaron a compartir sus propias historias y luchas. Quedó claro que muchos de ellos se ocupaban de cuestiones importantes. Nuestra tutoría les brindó un espacio seguro para hablar sobre sus problemas.

Habían perdido a un puñado de estudiantes, jóvenes que recién comenzaban a tomar rumbo en sus vidas. Sólo estaban tratando de descubrir qué estaba pasando. En una lucha cuerpo a cuerpo con las duras realidades de la violencia armada y otros encuentros urbanos, Tawana Gatewood y yo llegamos como mentores de jóvenes, y los estudiantes realmente se abrieron a nosotros. Se volvieron tan cercanos a nosotros que los atrajo a compartir sus propias historias.

Destaca un incidente en particular. Después de compartir mi historia personal, una joven en el salón de clases reveló las cicatrices en su brazo por autolesión. Este momento fue una llamada de atención para mí. Me hizo darme cuenta de la profunda relevancia y el impacto que mi historia podría tener en los demás, especialmente en la generación más joven. Mi revelación sobre mi propio intento de suicidio pareció desbloquear algo en ellos.

Fue una experiencia extremadamente conmovedora. Cuando abres tu mente y tu corazón, los demás suelen sentirse seguros de hacer lo mismo. Si estás dispuesto a abrir tu mente, la gente puede identificarse con ella. La joven que me mostró sus cicatrices me preguntó cómo logré superar las luchas mentales que enfrenté. Ella me dijo: "Sr. Sy", así me llamaban los estudiantes, "¿Cómo superaste, ya sabes, la parte mental? ¿Cómo lo superaste? Le expliqué que escribir había sido mi salvación y compartí mi artículo "Fuera de la tormenta". Lo leyó y sintió como si le estuviera hablando directamente. Ella dijo: "Casi sentí que estabas hablando de mí". Éste es el mensaje central de mi libro. Aunque es mi historia personal, sus temas y lecciones son universales. Le habla a cualquiera que esté dispuesto a enfrentar sus problemas. Es independientemente de la edad o de cualquier otro factor. Es mi historia, pero puede aplicarse a cualquiera. Puedes ser un anciano o un niño pequeño. No importa si estás dispuesto a abrirte y reconocer si tienes problemas. No solo escribo sobre mí sino también sobre otras personas que están sufriendo.

El coraje de esta joven me dejó una impresión duradera. Después de mudarme a California, la señorita Gatewood me dijo que la niña se había puesto de pie frente a su clase para compartir su propia historia. La Sra. Tawana Gatewood dijo: "Sy, habrías estado muy orgullosa de ella.

Se paró frente a la clase y leyó su propia historia. Y ella pudo comunicar eso al resto de los niños". Estaba inmensamente orgulloso de su valentía. Dado que ella sólo tenía 16 años en ese momento, pedí permiso a sus padres para hablar con ella. Y le dije: "Es hermoso que estés dispuesta a levantarte y hablar con tus compañeros sobre las cosas por las que has pasado". Su voluntad de abrirse a sus compañeros sobre sus luchas es mi victoria.

Por lo tanto, mi historia resuena en muchos porque no se trata solo de mis experiencias. También aborda las luchas de otros que sufren en silencio. Como capellán que trabaja con pacientes con cáncer,

Me había acostumbrado a lidiar con el dolor y el sufrimiento.

Sin embargo, como mentora en una escuela secundaria, particularmente con estudiantes que habían estado sufriendo, presenté una nueva perspectiva de mis experiencias. Estos jóvenes habían estado aislados durante tanto tiempo que su capacidad de comunicarse se había visto gravemente afectada.

Recién salían de la pandemia, por lo que fue un momento muy emotivo para ellos. Me alegro de haber podido compartir mi historia con ellos porque cambió la forma en que se comunicaban con la señorita Gatewood y conmigo.

Así que estuve allí unos ocho meses. Me estaba quedando con mi hermana, Rhonda Elaine Alli, y su marido, Rick James. Me proporcionaron un lugar para quedarme mientras estuve en Pittsburgh. Mi hermana es verdaderamente mi compañera de "Ride or Die" y la hermana más fiel que un hermano puede tener. Siempre estaré agradecida por todo lo que hizo por mí.

También tuve la oportunidad de pasar un rato agradable con Sy el Cuarto, mi hijo. Y aunque estaba en Pittsburgh, todavía estaba trabajando con uno de los pacientes con cáncer del noroeste del Pacífico. Entonces, todavía estaba trabajando con gente joven y con algunos de los pacientes con cáncer. Fue una situación interesante pero también muy satisfactoria.

Sin embargo, sabía que no iba a estar en Pittsburgh por un largo período de tiempo. Sin tener idea de hacia dónde me dirigía, decidí mudarme. Siempre me ha gustado California desde que viví allí a principios de los noventa. Sabía que era caro, pero siempre supe que en algún momento podría terminar de regreso en California. Suponiendo que mi hijo terminó y obtuvo otro año de elegibilidad debido a la pandemia, sabía que Pittsburgh no era mi destino final. Sin embargo, no estaba seguro de hacia dónde me llevaba la vida después de Pittsburgh. Todavía no estoy seguro de por qué dejé Pittsburgh y fui a California, pero fue Dios quien me guió allí por razones que eventualmente descubriría. En ese momento, sólo podía pensar que Pittsburgh no era el lugar al que pertenecía. En abril de 2022 me fui y me fui a California. Sin embargo, en ese tiempo en Pittsburgh, comencé a darme cuenta de que tenía esta conexión con los jóvenes.

Había un vínculo entre estos chicos de secundaria y yo a pesar de que yo tenía la edad suficiente para ser no solo sus padres sino también sus abuelos.

Por eso, como dije, sabía que no me iba a quedar en Pittsburgh. Sin embargo, sentí mi corazón pesado. Tuve que dejar a esos niños porque estábamos llegando a un punto en el que se estaban abriendo y contando algunos detalles profundamente arraigados.

Estas emociones que compartían y que estaban sucediendo en sus corazones y mentes fueron esenciales para que pudieran seguir adelante con sus vidas y vivirlas al máximo. Por tanto, dejarlos no fue fácil. Fue un momento crucial. Por eso lo llamo parada en boxes. Es solo un juego de palabras con la palabra Pittsburgh porque fue bastante breve, pero de ahí surgió la idea de que puedo trabajar con gente joven, sin importar cuán jóvenes o mayores sean. Puedo trabajar con prácticamente cualquiera y con todos.

Fue una afirmación de que definitivamente tengo algo que darles a los jóvenes, especialmente si tienen problemas de salud mental. Esa es mi plataforma. No sabía con qué me iba a encontrar cuando llegara a California. Todo lo que puedo decir es que Pittsburgh era muy fascinante y siempre era bueno estar en casa. Aunque crecí al norte de Pittsburgh, siempre lo consideré mi hogar adoptivo.

Capítulo 16: Sueños de California

Llegué a California en abril de 2022 para trabajar en una empresa de seguridad. Me reclutaron para que fuera su director ejecutivo. No sabía cómo funcionaría eso. Sabía que era una empresa muy pequeña. Sólo estuve allí un par de meses. Entonces, no funcionó.

Lo que pasó allí es, número uno, que no tenían fondos para alojarme en una vivienda. Así que viví en mi oficina durante dos meses, de abril a junio. Realmente no tenía un lugar adecuado para vivir. La empresa vino a verme un domingo de junio y me dijo que iban a cerrar sus operaciones. Dijeron que si quería regresar a Pittsburgh o al noroeste del Pacífico, me darían un boleto de avión. Lo negué. Dije que me quedaré en California. Tenían mucha curiosidad y no podían entender por qué quería quedarme. Esto se debía a que no tenía amigos ni familiares en la zona.

A pesar de no tener un lugar donde vivir y, en ese momento, no tener trabajo, me sentí obligado a quedarme. Me quitaron el coche de la empresa que me habían dado, así que literalmente no tenía nada. Sin embargo, tenía suficiente dinero en el bolsillo para alojarme en un hotel Best Western en Marina, California. Estaba justo en la playa y me quedé allí una noche. Esa noche fue la primera vez que dormí en una cama cómoda después de dos meses.

Esto se debió a que había estado durmiendo en un sofá cama en mi oficina durante ese tiempo. La empresa no tenía dinero para alojarme como me habían prometido. En lugar de internarme en un hotel durante un par de semanas, me compraron un futón, un sofá que se convierte en cama. Dormí allí, pero no fue la mejor situación.

Según el gobierno, yo no tenía hogar porque la oficina no era un lugar que proporcionara vivienda. Era una oficina pequeña, por lo que me consideraban una persona sin hogar. Lo hice oficial cuando terminé yendo al Centro de Transición de Veteranos. Ahora, oficialmente era una persona sin hogar. El Centro de Transición de Veteranos, o VTC, estaba ubicado en la antigua base militar de Fort Ord en California. Básicamente era un refugio para veteranos sin hogar. Me levanté a la mañana siguiente y tomé un Uber hasta el Centro de Transición de Veteranos.

Así fue como realmente comencé en California porque la empresa de seguridad no funcionó. Más tarde descubrí que la empresa en realidad no había cerrado. Fue una estratagema para que me fuera. Nunca entendí por qué no vinieron a mí y me dijeron que no tenían el dinero. Y que no iba a funcionar. Habría sido más honorable simplemente decirme la verdad. En cambio, me dijeron que iban a cerrar la empresa cuando no lo hicieron.

A los pocos meses de mi estancia en California, tuve que ir al hospital de veteranos de Palo Alto. Estaba al norte de donde yo vivía. Fue entonces cuando descubrí que la empresa todavía estaba abierta. Era innecesario que mintieran. No tengo nada contra ellos. Pero hubiera agradecido que fueran honestos conmigo. Podrían haber dicho simplemente: "No tenemos el dinero. No creemos que esto vaya a funcionar". Podríamos habernos separado honorablemente. Sin embargo, no fueron sinceros, lo cual fue decepcionante.

Sin embargo, no me importa su engaño. No importaba en el gran esquema de las cosas porque Dios tenía otros planes para mí. Sus acciones, aunque potencialmente dañinas, en realidad me hicieron un gran favor. La antigua base militar de Fort Ord, donde estaba ubicado el VTC, había sido cerrada en 1994 bajo la realineación y cierre de la base autorizado por el presidente Clinton. La base era enorme, casi del tamaño de dos ciudades, pero todavía tenían algunas áreas de viviendas donde albergaban a veteranos sin hogar. En VTC tenía cuatro o cinco compañeros de casa con quienes compartía el espacio en Marina, California. Conocí a mis compañeros de casa una vez que me ubiqué y me orienté. Me di cuenta de que este era un paso muy importante para mí. Me reconcilié con mis compañeros de casa. El apoyo que nos brindamos mutuamente fue invaluable. Este período de mi vida fue inesperado e inicialmente no deseado. Sin embargo, se volvió muy querido para mí.

Ahora entiendo lo que es no tener hogar. Sé lo que se siente no tener dinero y no tener trabajo. Pasé por todo eso. Esta experiencia me dio una empatía y comprensión más profundas. Desarrolló una emoción por quienes no tienen una vivienda estable. La deshonestidad de la empresa de seguridad me llevó a un lugar donde podía marcar una diferencia real en la vida de las personas.

Me sentí consternado y confundido cuando llegué al VTC. Pensé que tal vez Dios estaba enojado conmigo. ¡Aquí estaba yo! Habiendo tenido éxito en mi línea de trabajo. De repente, me encontré en un refugio para personas sin hogar. ¡Sin dinero, sin coche y sin trabajo! Pensé que era el final para mí. Resultó que era sólo el comienzo.

Le pregunté a Dios por qué me había puesto en esta situación. Su respuesta fue clara. Me preguntó: “Eres capellán, ¿verdad?” Respondí: "Sí". Luego me guió para que aceptara mi papel y usara mis habilidades para ayudar a los demás veteranos que me rodeaban. Señaló que había muchos veteranos que podrían beneficiarse de mi orientación y apoyo. Seguí su consejo y comencé a ministrar a los veteranos en el VTC. Una vez que comencé a relacionarme con los otros veteranos, me di cuenta de que muchos de ellos enfrentaban desafíos mucho mayores que yo. Lucharon contra el trastorno de estrés postraumático, problemas de salud mental y problemas con el alcohol. Mi situación era aunque difícil. Sin embargo, palideció en comparación con lo que estaban soportando. Quedó claro que mi presencia en el VTC era una bendición. No fue sólo para mí. Fue a los veteranos a quienes pude ayudar. Esta experiencia me enseñó que a veces la vida detiene nuestros pasos sólo para dar impulso en el futuro. En realidad, es un paso hacia el cumplimiento de un propósito mayor.

***

No tenía dinero, así que para obtener fondos estatales, recibía $300 al mes de California. Esta pequeña cantidad me ayudó a cubrir mi factura de teléfono y algunos otros elementos esenciales. Para ganar este dinero, tuve que trabajar en un departamento de obras públicas en Del Rey Oaks, California. El jefe de obras públicas nos asignó trabajo y a mí me encargaron limpiar los baños de un parque local. No fue glamoroso, pero tomé la iniciativa y trabajé muy duro. El director de obras públicas se fijó en mi dedicación y en mi físico. Le dije que era capellán. También le informé sobre mi condición en el refugio para personas sin hogar. Decidió darme algunos de los trabajadores con problemas como PTSD. Pensó que tal vez podría ayudarlos.

Entonces, mientras limpiaba baños y recogía basura, también ayudaba a otras personas. El director me tomó simpatía. En resumen, nos llevamos bien. Aunque sólo ganaba 300 dólares al mes, trabajaba diligentemente. El director se dio cuenta de esto. Me dijo que no creía que me quedaría sin hogar por mucho tiempo. Creía que Dios tenía algo espectacular reservado para mí. En ese momento, me reí de eso. Pensé: "Ya veremos". Sin embargo, las cosas realmente mejoraron. Noté un Anytime Fitness Center al otro lado de la calle mientras me hospedaba en el refugio. Anytime Fitness es una gran cadena de centros de fitness. No tenía dinero para unirme en ese momento.

De todos modos, entré y conocí al dueño. Le expliqué que me quedaría al otro lado de la calle. Pudieron ver que hacía ejercicio y estaba en forma. Al gerente general de Anytime Fitness se le ocurrió un plan generoso que me permitía usar el gimnasio gratis durante dos o tres meses hasta que pudiera pagar. Dios realmente estaba poniendo a las personas adecuadas en mi camino y estaba increíblemente agradecido con el gerente por darme un lugar para hacer ejercicio.

Encontré mi nueva iglesia, His Grace Ministries, a través de RJ, un guardabosques retirado del ejército que había servido en múltiples misiones en Afganistán e Irak. Ahora él luchaba contra el trastorno de estrés postraumático y estaba pasando por muchas cosas, pero logramos unirnos y compartir nuestras experiencias. Trabajaba como chef en un restaurante griego local y a menudo me traía gyros a casa. A altas horas de la noche nos sentábamos y hablábamos, compartiendo nuestras historias. Una noche, mencionó un servicio religioso que se celebraba todos los domingos en el VTC, del que yo no estaba al tanto.

RJ me llevó al servicio un domingo, donde conocí a la congregación de His Grace Ministries International, dirigida por el pastor Enrique Cárdenas. El pastor Enrique y yo nos conectamos rápidamente y comencé a asistir a la iglesia con regularidad. Llegué a amar la iglesia y la comunidad. Sin embargo, debido a algunos problemas, la iglesia tuvo que mudarse del VTC de regreso a Salinas, California, y los servicios se llevaron a cabo en la casa del pastor Enrique. A pesar del cambio, seguí comprometido con His Grace Ministries. Encontrar el hogar de mi iglesia fue una bendición. El aspecto espiritual de mi vida comenzó a reformarse a medida que me conectaba con la iglesia y sus miembros. Llevé a mis compañeros de casa a los servicios religiosos y las cosas se desarrollaron positivamente para mí en His Grace Ministries. Me convertí en acomodador y me involucré más con el tiempo. En nuestros desayunos mensuales para hombres, compartí mi testimonio sobre mi intento de suicidio, lo que pareció empoderarme. Los hombres se sintieron atraídos por mi historia y querían saber más sobre mis antecedentes. Las cosas empezaban a tomar forma y me sentía mejor con mi situación, aunque todavía estaba en un refugio.

En el Centro de Transición de Veteranos, mi administrador de casos, Charlie Schmidt, insistió en que tuviera una oficina para usar como capellanía. Esta oficina me permitió asesorar a algunos de los chicos que enfrentan PTSD, alcoholismo, abuso de drogas y otros problemas. Tener este espacio fue un importante paso adelante y las cosas estaban empezando a mejorar. Fue un proceso lento. Pero se estaban logrando avances.

Me involucré más en ayudar a los demás cada día que pasaba. Estaba ayudando tanto en el refugio como en la comunidad en general. El departamento de obras públicas me proporcionó fondos muy necesarios y me permitió conectarme con personas que necesitaban mi apoyo. Este trabajo y mi creciente papel en la iglesia me dieron un sentido renovado de propósito y dirección.

El director de obras públicas siguió siendo un motivo de aliento, recordándome que mi arduo trabajo y dedicación no pasaban desapercibidos. Su creencia en mi potencial me ayudó a sostenerme durante los momentos más difíciles. De manera similar, la generosidad del gerente de Anytime Fitness me brindó una salida física que fue esencial para mi bienestar. Estos actos de bondad y apoyo de la comunidad fueron cruciales para ayudarme a reconstruir mi vida.

Mi compañero de casa en VTC, Brad Burns, era un hombre de 80 años que tenía un automóvil, pero no podía conducir debido a infracciones de manejo anteriores. Entonces comencé a conducirlo, lo que me dio acceso a su vehículo. Cuando comencé a solicitar empleo, encontré un puesto como mentor de jóvenes en un distrito escolar local.

Le conté a Brad sobre el trabajo y mencioné que necesitaba un automóvil para la entrevista. Generosamente, Brad me ofreció su coche para usarlo. Él dijo: "Bueno, no puedo conducir mi auto. Tú me has estado llevando de un lado a otro. Entonces, ¿por qué no tomas el auto para ir a la entrevista de trabajo?". Entonces lo hice.

Me entrevisté con una empresa. Se llamaba Elevo, que se centraba en el entrenamiento, y a mí me contrataron como entrenador juvenil. Este trabajo fue una bendición disfrazada y el apoyo de Brad fue útil para mi crecimiento mental y financiero. Necesitaba desesperadamente el trabajo porque no tenía dinero. El trabajo con Elevo me permitió viajar a esa escuela.

En enero de 2023 fui ascendido a directivo, lo que mejoró mi situación financiera. Sin embargo, en abril se me acabó el tiempo en el VTC y tuve que irme. Sin un lugar permanente donde quedarme, comencé a alquilar Airbnb en Salinas y Pacific Grove, California.

Capítulo 17: Entrenador Sy

Cuando comencé como entrenador juvenil, me asignaron al primer grado de TK, que incluye jardín de infantes de transición, jardín de infantes y primer grado. Estos son niños realmente pequeños, un cambio enorme con respecto a cuando estaba en Pittsburgh, donde trabajaba con estudiantes de secundaria. Entonces, pasé de ser niños de secundaria a esencialmente solo bebés.

Básicamente, estamos hablando de primer grado. Por lo tanto, necesitaba encontrar una manera de asegurarme de que los niños entendieran lo que intentábamos lograr con Elevo. Los niños me conocen como el Entrenador Sy y tuve que navegar por la delgada línea entre ser el Reverendo Sy y el Entrenador Sy. Tenía que asegurarme de que la separación entre Iglesia y Estado fuera respetada y nunca traspasada. En la escuela, cuando interactuaba con estos niños como entrenador Sy, tenía que actuar como mentor en lugar de capellán para evitar conflictos con las doctrinas de la iglesia y el estado que prohíben llevar la religión a las escuelas.

Independientemente de los debates políticos actuales que sugieren que la religión podría estar más presente en las escuelas, como en la enseñanza de los Diez Mandamientos, tenía que tener mucho cuidado. Como entrenador Sy, mi función era la de mentor, casi como ministrar en las escuelas, pero sin citar directamente las Escrituras bíblicas a los niños. Al hacer esto, aún podría ministrar siendo un buen mentor y consciente. Espero que esta explicación tenga sentido, ya que para mí fue crucial evitar cualquier situación en la que los administradores de la escuela pudieran decirme que, aunque saben que soy capellán, no puedo predicarles a los niños. Fue un equilibrio delicado, pero creo que lo logré bien. Todavía podía orientar a los niños de manera eficaz y, en cierto modo, me sentía como ministrar. Por lo tanto, la línea entre ser ministro y mentor en la escuela era un poco borrosa. Sin embargo, descubrí que era un buen mentor, capaz de conectarme con los niños, incluso con los más jóvenes. Para entender mejor a Elevo, debes saber que es una empresa educativa. Ofrece una variedad de programas y servicios dentro y fuera de la escuela. Su objetivo es apoyar el bienestar físico y mental de todos los estudiantes. Esto, a su vez, les ayuda en sus estudios.

Entre los programas escolares, ofrecen programas dentro de la escuela. Estos incluyen programas de almuerzo y recreo. Y luego están los programas extraescolares. Estos programas están diseñados para enseñar a los niños el buen espíritu deportivo y el trabajo en equipo a través de varios juegos. Por eso organizamos eventos deportivos para ellos. Aunque estos niños eran muy pequeños, lo cual es bastante diferente de mi experiencia anterior en Pittsburgh con estudiantes de secundaria, la esencia de los programas de Elevo sigue siendo consistente.

Cuando me mudé a California, no tenía idea de que terminaría trabajando en escuelas primarias como entrenadora y mentora de jóvenes, pero mi experiencia con niños mayores me ayudó a adaptarme. No puedo compartir experiencias personales, como mi propio intento de suicidio, con niños tan pequeños porque no lo entenderían.

Sin embargo, tengo un agudo sentido para reconocer cuando los niños tienen dificultades, una habilidad que creo que me ha sido dada por Dios. Trabajo con entrenadores muy jóvenes, algunos tan jóvenes como mi hijo Sy, de 23 años. A menudo, me encuentro asesorando tanto a los entrenadores como a los estudiantes. Estos jóvenes entrenadores, de entre 19 y 22 años, acuden frecuentemente a mí cuando se encuentran con estudiantes con problemas. Hablo con los niños y a menudo descubro que sus problemas en casa afectan su vida escolar. Muchos entrenadores jóvenes no están preparados para manejar este tipo de situaciones, pero mi experiencia como capellán y consejero para pacientes con cáncer y veteranos con trastorno de estrés postraumático me ayuda a conectarme con estos niños y ganarme su confianza.

Este trabajo ha sido una bendición, especialmente considerando mis experiencias pasadas, incluido el tiempo que pasé en un refugio para personas sin hogar. Ahora, trabajando a tiempo completo como gerente de éxito del sitio, todavía me veo como un entrenador. Los niños me llaman Entrenador Sy e insisto en que no usen mi nombre ni les dejo llamar a los demás entrenadores por su nombre. Esta formalidad ayuda a establecer el respeto por los jóvenes entrenadores, quienes, a pesar de su edad, son mentores.

La dirección comprende y apoya este enfoque, sabiendo que ayuda a mantener la autoridad de los entrenadores. Los jóvenes entrenadores también aprecian esta estructura, aunque se ríen de lo estricto que soy. Este respeto es crucial porque refuerza la relación mentor-alumno. Trabajar con estos niños ha sido increíblemente gratificante y Elevo me ha apoyado mucho en mis esfuerzos por abordar la salud mental y brindar asistencia significativa a los estudiantes. El apoyo de Elevo me ha permitido utilizar mis habilidades para detectar y ayudar a niños con dificultades. Es una sensación maravillosa identificar problemas y brindar ayuda porque ya he enfrentado problemas similares con estudiantes mayores antes. Elevo es ideal para mí porque puedo asesorar tanto a los estudiantes como a los entrenadores jóvenes, que a menudo tienen una edad cercana a la de mi hijo. Este rol me ha permitido ser mentor para todos en Elevo. Elevo ofrece varios programas basados en aprendizaje socioemocional "SEL" en distritos escolares de California.

Es una empresa en crecimiento dentro del estado, que brinda apoyo a través de clases de educación física y otras actividades que promueven el aprendizaje socioemocional. Después de la pandemia y el período prolongado de cuarentena, notamos muchos problemas entre los estudiantes que habían estado aislados durante mucho tiempo. Cuando regresaron a la escuela, tuvieron dificultades para reajustarse a los entornos sociales. Los programas de Elevo se han vuelto más importantes que nunca y ayudan a los niños en numerosos aspectos de sus vidas. La misión de la empresa se alinea perfectamente con mi pasión por la tutoría y la defensa de la salud mental. Ayudamos a los estudiantes a desarrollar habilidades cruciales para la vida, brindamos apoyo emocional y fomentamos la actividad física. El enfoque integral de Elevo hacia el bienestar de los estudiantes marca una diferencia significativa, especialmente en el contexto actual pospandemia. La combinación de mis habilidades de capellanía y entrenamiento me permite brindar un apoyo único y efectivo tanto a estudiantes como a entrenadores jóvenes.

Sigo disfrutando de trabajar con estos niños y apoyarlos a través de los programas de Elevo. El respeto y la confianza que recibo de los niños y los entrenadores refuerzan mi compromiso con este trabajo. Elevo realmente marca la diferencia. Trabajar con ellos me ha permitido ayudar a estos jóvenes estudiantes a superar sus desafíos. El crecimiento y el impacto de la empresa en California resaltan la importancia de nuestro trabajo y los cambios positivos que aportamos a la vida de los estudiantes.

Elevo es una empresa educativa que realmente marca la diferencia. Trabajar con Elevo me ha permitido combinar mis habilidades y pasiones de manera efectiva. Tuvo un impacto duradero en las vidas de los jóvenes estudiantes y de los jóvenes entrenadores que los guían. Esta relación armoniosa con Elevo continúa inspirándome y motivándome, reforzando el valor del trabajo que hacemos todos los días.

***

Como mencioné en un capítulo anterior, mi amigo RJ me presentó a His Grace Ministries International. He crecido con ellos. Ahora soy parte del equipo de liderazgo, encabezo el equipo de Usher y Greeter los domingos y codirijo nuestro ministerio de extensión masculina. Realizamos un desayuno bíblico un sábado al mes.

Además, ministramos en un hogar de Alcohólicos Anónimos en Salinas todos los lunes, donde muchos hombres luchan contra el abuso de alcohol y drogas. Mi participación en este ministerio se ha profundizado y predico los domingos aproximadamente una vez cada tres o cuatro meses. También predico a nuestros hombres con regularidad.

Ser parte de este ministerio ha sido fantástico ahora que estoy en California. Siento como si tuviera una verdadera iglesia hogar. Este ministerio está creciendo en Salinas, California. El pastor Enrique y su esposa, la pastora Ileana, me han confiado muchas responsabilidades y he estado a la altura de las circunstancias. Espiritualmente, he crecido aún más desde que llegué aquí. Independientemente de que ya sea capellán, His Grace Ministries me permite hacer más actividades de extensión, especialmente llevando hombres al redil de Cristo. Esta experiencia ha sido increíble y he crecido exponencialmente aquí.

He pasado de ser solo un miembro a ser parte del equipo de liderazgo ejecutivo de la iglesia. Tengo voz y voto en cómo manejamos el acomodo, el saludo a nuestra congregación por la mañana y otros aspectos del programa de la iglesia. Mi crecimiento es paralelo al crecimiento de la iglesia. Los pastores, nuestro equipo de alabanza y adoración y todo lo demás se están expandiendo. Me siento muy feliz, honrado y honrado de ser parte del crecimiento de la iglesia.

***

Quiero compartir lo que me inspiró a escribir este libro mientras llego al final. Dios me inspiró. No tenía ningún deseo de escribir este libro. Lo último que quería exponer, siendo una persona privada, eran mis propios errores y luchas. Sin embargo, Dios me dejó claro que escribir este libro era necesario.

Me dijo que me ayudaría no solo a mí sino también a otras personas que luchan en silencio con problemas de salud mental, aquellos que luchan contra la depresión o el trastorno de estrés postraumático sin admitirlo. Yo estaba reacio, pero Dios me recordó su guía en mi vida. Él dijo: "Vine por ti. Ahora necesito que escribas sobre esto".

Comencé a escribir y documentar como forma de terapia. Fue una práctica que animé a realizar a los jóvenes estudiantes de Penn Hills High School. Escribir ha sido relajante para mí. Y ayudar a otros a través de mi escritura ha sido aún más gratificante.

Por lo tanto, este libro no trata sólo de mí. Se trata de llegar a otros que están pasando apuros. Espero sacar a otros del anochecer poniendo mis experiencias por escrito y compartiéndolas.

Si bien algunos pueden responder negativamente, llamándome débil por no admitir mis problemas antes, sé que muchas personas con depresión prefieren mantener sus luchas ocultas. Este libro pretende sacar a la luz estas cuestiones. Es animar a las personas a buscar ayuda y hablar sobre su salud mental.

Me encanta la metáfora de un faro. Siempre me han atraído los faros que se encuentran cerca del Océano Pacífico. Guía a los barcos en problemas a un lugar seguro. De manera similar, hay muchas almas perdidas que necesitan ayuda y dirección. Escribir este libro es mi manera de ser un faro, guiando a aquellos que están perdidos de regreso a las costas de la seguridad y la luz. Mi papel en esto es menor en comparación con el impacto potencial que este libro puede tener en otros. Está diseñado para inspirar a las personas a buscar ayuda, hablar sobre sus problemas de salud mental y comenzar a escribir sobre sus experiencias. Así es como mido el éxito de este libro. Tengo algunos planes futuros.

Tengo un manuscrito titulado "Corporate Smokejumper" que explora mi carrera en la industria de la protección, las personas que protegí y las situaciones que encontré.

Si bien solo mencioné esto en el libro actual, que se centra más en la fe y en cómo te ayuda a superar tiempos difíciles, todavía tengo planes de terminar "Corporate Smokejumper". Este proyecto futuro explorará un aspecto diferente de mi vida y mis experiencias, pero el tema subyacente de superar desafíos y buscar ayuda seguirá siendo central.

Aquí hay una nota personal mía para los lectores. Debes entender que hay luz al final del túnel. Muchas personas están profundamente deprimidas y atrapadas en la oscuridad. Este libro es un salvavidas destinado a inspirar y ayudar a quienes están pasando apuros.

Esto podría ser una lucha emocional o una lucha mental. Incluso podría ser físico o financiero. Espero que mis experiencias animen a otros a buscar ayuda. Si no puede comunicarse conmigo, comuníquese con un ministro, un psicólogo o alguien que pueda ayudarlo en la transición de la oscuridad a la luz.

Era un profesional en la cima de mi juego como experto y asesor en seguridad. Sin embargo, todavía sufría una depresión masiva. Los profesionales de cualquier industria pueden tener problemas con la salud mental. No importa tu estatus profesional o socioeconómico. Podrías no tener hogar o vivir en una mansión y la depresión puede afectarte. Quiero que la gente sepa que hay ayuda disponible y que buscarla es imperativo. Si la gente ve mi viaje y piensa: "Sy fue un atleta profesional, artista, profesor universitario y viajero por el mundo que protegió a las personas.

Sin embargo, luchó y lo superó", tal vez vean esperanza para sí mismos. Ese es el mensaje que quiero transmitir: siempre hay una salida. No importa dónde estés en la vida. Buscar ayuda es el primer paso.

www.ingramcontent.com/pod-product-compliance
Lightning Source LLC
La Vergne TN
LVHW010946051026
849532LV00003B/1150